康昱生，方士華 編著

欲速則不達、失敗中求勝、防患於未然⋯⋯擺脫麻煩，收穫好運！

墨菲定律的幸運術

如果一件事有可能出錯，它就一定會出錯！

MURPHY'S LAW

你是否曾遇過倒楣事接踵而至，走路跌倒，喝水嗆到；
好像生活處處與你作對，諸事不順、禍不單行？明明已經很小心翼翼，
但壞事好像越想越容易發生⋯⋯或許，你需要認識一下墨菲定律！

目錄

前言

　　在您的生活和工作中，是不是有過這樣的經歷：上班前在公車站等車時，您越是焦急地盼望，公車越是不來，等您看看時間來不及了，急忙叫了一輛計程車，卻發現公車已經到站；您丟失了一樣東西，怎麼找也找不到，當您買了新的之後，丟失的原物又自動出現；在公司上班時，某件事您越是怕出錯，它越是會出錯……

　　為什麼會出現這些現象呢？您不必疑惑，也用不著鬱悶，這不是生活在捉弄您，而是著名的「墨菲定律」在作怪。那麼，什麼是「墨菲定律」呢？

　　「墨菲定律」，有人也稱它為「倒楣定律」，是以一位名叫愛德華‧墨菲的美國航空工程師來命名的。有一年，畢業於美國西點軍校的墨菲，受命到愛德華空軍基地參與美國空軍高速載人工具火箭雪橇 MX981 發展計畫。為了研究人能承受多大的超重壓力，他和同事們一起進行了專題試驗。

　　其中有一項實驗是把一套 16 個精密傳感器裝在超重實驗設備上進行加壓，只要傳感器沒有發出警報，就可以不斷地加壓。可是，超重實驗設備在巨大的壓力下都變形了，傳感器的指針居然一點都沒動。後來經過檢查，他們才發現，是負責裝配的同事把這 16 個傳感器全都裝反了。

前言

墨菲在惱怒間，不經意地評論這個同事：「如果一件事情有可能出錯，讓他去做就一定會弄錯。」在隨後的記者招待會上，墨菲的上司斯塔普把這句話稱為「墨菲定律」，並表述為：「如果一件事有可能出錯，它就一定會出錯。」這句話迅速風靡愛德華空軍基地，不久就流傳到世界各地，還演變成了各式各樣的形式。

「墨菲定律」雖然以不經意的一句話開始流傳，卻蘊涵著很深刻的哲理，其含義也滲透到各個領域。它無處不在，當您無視它的存在時，就會受到它的懲罰；相反地，如果您承認自己的無知，它就會幫助您防患於未然。

那麼，如何利用「墨菲定律」防止可怕的事情發生呢？請您靜靜閱讀完這本書吧！這本書精選世界上最暢銷的版本編輯而成，它綜合了各國版本精華，將「墨菲定律」的產生原因、風險規避、教訓反思和積極效應等方面條分縷晰地展現在您的面前，能夠讓您對「墨菲定律」的產生、發展和規避有一個清楚的了解，並有效地避開它的魔咒，使您的工作和事業順利進行，人生理想和財富夢想得以實現。

「墨菲定律」是對人類生活和感情中很多事情的總結，您的能力再大，頭腦再聰明，做事再小心謹慎，一生也不可能不犯錯。關鍵是犯了錯誤，您如何去對待它：是從此縮手縮腳，裹足不前，還是總結教訓，努力奮進呢？不同的處世態度，將會決定您不同的命運走向。其實，在很多情況下，

錯誤並不是什麼壞事，它甚至會為您帶來有益的經驗或嘗試，並指導您另闢蹊徑，走向成功。

　　您想了解「墨菲定律」嗎？您想知道如何避免人生的風險嗎？我們在這裡傾力為您奉上本書，本書從立身處世的角度出發，對「墨菲定律」進行了深入淺出的剖析和解說，實用性十足。只要您經常閱讀，實際應用，就能夠在以後的生活和工作中減少失誤，避免損失，獲得最大的成功，收穫幸福的人生。

　　誰也不知道，明天和意外哪一個先到，您要做的，就是每一天竭盡全力，盡量不讓自己遺憾和後悔！在此祝您從此不會做錯事，好事天天找上門，工作事業雙豐收，財富賺得滿盆缽！

第一章
墨菲定律是一種神祕詛咒

「墨菲定律」是一種神祕的詛咒。它就像是一個未知的盲盒，你永遠都不知道裡面開出的會是什麼，但是它總能為你的人生帶來驚嚇。這個驚嚇既可能是一個小小的錯誤，也可能是讓你致命的危機。

當你在路上行走，突然有一種天上會掉下東西的預感，通常我們會想到掉餡餅，這是人人潛意識中都想要的好事，然而等待你的卻可能是天上掉下的花瓶，甚至是一把菜刀。

在「墨菲定律」的世界裡，你越是擔心的事情，它就越會發生，就彷彿冥冥中，有一股力量在和我們進行一場惡作劇，任你逃到天涯海角，也無法阻止它的降臨。那麼，「墨菲定律」這個神祕的詛咒，究竟是如何產生的呢？它到底會為我們的人生帶來怎樣的變化呢？

讓躺平的人永遠躺著

你知道人倒楣的時候，是一種怎樣的狀態嗎？你能夠想像走個路都會摔倒嗎？你能夠理解吃口飯都會噎到，喝口水都會嗆到，就連站著不動都會腳抽筋嗎？這並不是一個玩笑，也不是一場做秀，而是因為我們已經被一個神祕的詛咒給纏上了。

這個詛咒，能夠讓我們好的不靈壞的靈，它可以讓躺平的人永遠躺著，讓消極的人永遠沉淪下去，甚至它還能夠產生出巨大的破壞力。你想了解這個詛咒的真面目嗎？想知道它是怎麼被人發現的嗎？下面就讓我們帶你一起來揭開這個神祕詛咒的誕生過程和發生原因吧！

愛德華‧墨菲是美國愛德華空軍基地的上尉工程師，1949 年他參加了美國空軍進行的 MX981 實驗，這個實驗的目的是測定人類對加速度的承受極限。在一個實驗中，因儀器失靈發生了事故，實驗沒有成功。這一個實驗是把 16 個火箭加速度計懸空裝置放在受試者上方，沒有想到的是，一個技術人員竟然把 16 個測量儀表全部裝錯了。

這次事故讓墨菲得出的結論是：如果做某項工作有多種方法，而其中有一種方法將導致事故，那麼一定有人會按照這種方法去做。

幾天後，墨菲做出的這一著名論斷，被他的上司在記者

招待會上引用。幾個月後，「墨菲定律」被廣泛用於與航天機械相關的領域。它揭示了一種獨特的自然及社會現象。其極端表述是：如果壞事有可能發生，不管這種可能性有多小，它總會發生並造成最大可能的破壞。

「墨菲定律」也被美國「哥倫比亞」號太空梭失事事件所印證：這麼複雜的系統出差錯，發生事故是合情合理的，不是今天，就是明天。結果是必然的，只是時間早晚的事。2003年，「哥倫比亞」號太空梭在即將返回地面時，在美國德克薩斯州中部地區上空解體，機上人員全部遇難，其中 1 名是首位進入太空的以色列太空人拉蒙，另外 6 名是美國太空人。

人們總是會在一次事故之後積極尋找造成事故的原因，以防止類似事件再次發生，這是人一般的理性做法，是完全能夠理解的。反之，如果置之不理，聽任下一次事故再次發生，這是讓人無法接受的。

這其實是機率的問題，正所謂「上的山多終遇虎」。飛機被公認為是世界上非常安全的交通工具之一，一般情況下不會發生事故。統計數據顯示，飛機造成人員傷亡的事故率是三百萬分之一。這就是說，假設你每天坐一次飛機，要飛8,200 年，才有可能遇到一次事故。

這個安全係數相當高了吧？甚至比走路和騎自行車都安全。可是現實的情況是什麼樣的呢？機毀人亡的事件幾乎每年都在發生，造成的破壞比走路和騎自行車高很多倍。

　　例如，2019 年 3 月 10 日上午，一架從衣索比亞首都阿迪斯阿貝巴前往肯亞奈洛比的衣索比亞航空波音 737 客機墜毀，機上載 149 名乘客和 8 名機組人員，共 157 人全部遇難。這是波音 737MAX8 半年內第二次出現墜機事故。在 2018 年 10 月 29 日，印尼獅航一架波音 737 客機墜毀，也造成 189 人遇難的重大空難事件。

　　當然，這兩次空難事故，不一定是人為事故，有可能是機械事故。但即便是機械事故，也是人的僥倖心理造成的。這說明，越是害怕發生某事，某事就越容易發生。因為害怕發生，會造成人的緊張情緒，越是緊張，就越容易犯錯。

　　另外，人們都非常害怕自然災害的發生，雖然它發生的機率非常小，但累積到一定程度，自然災害也會從最薄弱的環節爆發。

　　所以，關鍵是要在平時掃除死角，消除危險隱患，盡量降低災害發生的機率，即使無法避免，也要將危害程度降到最低。

　　人們對小機率事件常會抱持僥倖心理，認為在一次活動中事故不會發生。但事實總是不盡如人意，正是這種想法，麻痺了人們的安全意識，從而增加了事故發生的可能性，結果導致事故頻繁發生。

　　例如，火箭中每個零件的可靠度均在 99.99% 以上，也就是說，故障發生的機率均在萬分之一以下。但是，火箭發射

也出現過接連失敗的情況，雖然原因是複雜的，但這充分說明了小機率事件也會常發生的客觀事實。

「墨菲定律」以必然的不可抗拒的方式產生作用，而非偶然性的。因此，管理者要以積極的態度面對小機率事件，確實地理解到：差錯不可避免，事故遲早都要發生，這就要求我們不能忽視，不能有絲毫鬆懈的想法，必須極為重視，時刻提高警覺，盡可能將損失降到最低。

容易犯錯是人類與生俱來的弱點，不管科技有多發達，都無法避免事故的發生，而我們解決問題的方法越精密，面臨的麻煩就越多。

你越害怕，就越會「見光死」

「見光死」已經成為很多人造美女主播們最害怕的一件事，它就像一個魔鬼般，時刻監視著她們，讓她們事事小心翼翼，生怕出一點差錯。然而有些時候，很多事情並不會因為她們的意願而有所改變，該發生的事情還是會發生。

不是突然間美顏開關失效，就是調聲的轉換器出現故障，各式各樣的「見光死」事故頻頻發生。彷彿在一夕之間，她們已經被那個「魔鬼」掌控了身體，只剩下了「見光死」這一個結局。

為什麼會這樣呢？明明這些主播們已經很小心了，明明都已經做好了萬全的準備了。這一切的原因就是因為「墨菲定律」，而「墨菲定律」的信條就是：「你越害怕什麼，就越會發生什麼。」

不光是這些害怕「見光死」的美女主播們會被「墨菲定律」纏身，很多人同樣也逃不開被它操控的命運。

你有沒有碰到過這樣的事？

口袋裡放著錢包，生怕丟了，每隔一段時間就用手摸一摸，查查錢包是否還在。結果，你規律性的動作引起了小偷的注意，最終，小偷割破了你的口袋，把錢包偷走了。

考試臨近之際，最怕生病，你小心翼翼地照顧著自己，可是到了考試的前一天還是發燒了。因為身體的疲憊和心理

的焦慮，最終沒能發揮出正常的水準，把考試搞砸了。

這就是常說的「怕什麼，來什麼」。在面對一些重要的人和事時，人都會不自覺地害怕出錯，結果越是怕出錯，就越是會出錯。這條墨菲定律被無數事實證明，在體育、文藝比賽、考試、求職中，過分看重成敗導致失誤的情況比比皆是。

最典型的一個例子，就是美國著名雜技表演家瓦倫達走鋼絲的事件。瓦倫達家族是世界上非常著名的高空雜技演員世家。70 多歲的卡爾・瓦倫達說：「生活如同走鋼絲，一切都是機會和挑戰。」對於他的說法，人們稱讚不已。他那種專注於目標、任務的態度以及應對能力，都令人欽佩。

然而，1978 年，在沒有安全網的情況下，瓦倫達在波多黎各聖胡安市的兩個高層建築之間進行高空走鋼絲表演時，不幸墜落身亡。他在掉下時，手中仍然緊緊地抓著平衡桿。他曾經一再叮囑他的家庭成員，不要把桿扔下，以免砸到下面的人，他用自己的生命實踐了自己說過的話。

事情發生後，他的妻子悲痛地說：「我料定他這次一定會出事，他在上場之前不停地說：『這次演出太重要了，我只能成功，不能失敗。』在此之前的歷次演出中，他只關心走鋼索本身，其他的事情毫不考慮。可是這一次，他太看重演出的成敗了，所以出了事。」後來，心理學家把這種因過分擔心事態而內心患得患失的心態，稱為「瓦倫達心態」。

　　為什麼會出現「怕什麼，來什麼」的情況呢？現在，我們來做一個測試：請你不要想「一群紅色的大象」，告訴我，你的腦海裡出現了什麼？肯定是「一群紅色的大象」。

　　美國史丹佛大學的權威人士透過一項研究得出科學結論：人類大腦中的某一想像畫面，會刺激人的神經系統，把假想當成真實情況，並為此做出努力。比如，當一個高爾夫球運動員在擊球之前，擔心自己把球打進水裡，他就一再告訴自己說：「千萬別把球打進水裡。」然後，他的大腦中就出現了一幅「球掉進水裡」的畫面。結果，他偏偏就把球打進了水裡。

　　這就提醒我們，在一些至關重要的事情面前，保持一顆平常心是很重要的。倘若把得失成敗看得太重，顧慮重重，時刻處於緊張、恐懼、煩躁的狀態中，又怎麼能把事情做好呢？只有氣定神閒，穩住情緒，才能以不變應萬變。

有些事不是你想快就能快

有時候，快就是慢，慢就是快。「墨菲定律」就是這樣，好像在跟人作對，你越急於求成，很想快速完成，結果卻越發緩慢；而如果你慢下來，結果反而能快點達到目的。

孟宗竹的生長過程，就反映出「慢就是快」所蘊含的哲理。孟宗竹是一種多年生的高大喬木，廣泛分布於中亞熱帶。孟宗竹有一個很特別的地方，就是在栽種後的最初五年中你根本看不到它的生長，即使生存環境十分理想也同樣如此。

但是，只要五年一過，它就會像被施了魔法一樣，開始以每天 60 公分的速度急速生長，並在六個星期之內長到將近 30 公尺的高度。當然，這個世界上是沒有魔法的，孟宗竹的快速生長所依賴的是長達幾千公尺的根系。

其實，早期看上去默默無聞的它一直都在悄悄地壯大自己的根系，孟宗竹用五年的時間武裝了自己，最終創造了自己的神話。

不論是生活、學習，抑或是人生事業追求，有了慢的累積，有了慢的思考，才能真正快起來。大凡做事都有做事的規律，辦事都有辦事的原則，什麼事情都是相輔相成、相扶相助的。但事情往往都有相反性和逆性反叛，如果圖快，就慢了。

有個故事，講的是一個商人挑了一擔行李，往城裡趕

路，途中他向一個老者打聽能否在城門關閉之前進城。那老者回答說，如果你慢些走倒有可能進去，如果你走得太著急則有可能進不了城。

商人心裡暗笑老者是老糊塗了，腳下不由得加快了步伐。結果，因走得太快被絆一跤，擔繩斷了，貨物灑了一地，他只得停下來撿回貨物，重整擔子再上路。結果趕到城下時，城門剛剛關閉。商人恍然大悟，如果慢點走倒真的是有可能進城的。

從長遠來看，高速度往往不一定能帶來高效率，結果很可能是「欲速則不達」。事實證明，真正的高效率是長期保持一種穩定的合理速度和節奏。如果處處很急切，想快速達到目的，匆匆忙忙，看似是很積極，很講效率，但結果必然是忙中出錯，快中出錯，結果反而是慢。

「墨菲定律」還描述了這樣一種現象：慌慌張張跑向捷運卻發現方向不對。的確，你越想趕時間，越容易耽誤時間。我們在生活中難免會遇到趕時間的時候，如果太心急，就會做事慌張，方向不清，甚至會出現南轅北轍的情況，本來想快，結果卻慢了。

從物理學角度看，快意味著效率；從經濟學角度看，快應該帶來效用。如果只有速度沒有效率和效用，快將有百害而無一利。

調查發現，90%以上的交通事故源自一個「快」字，很

多人想快點趕路，高速行駛，常常因圖「快」而釀成大錯，不僅沒有達到快的目的，相反卻慢了。更有甚者，車毀人亡，命喪黃泉。

慢並不是讓我們在做事中消磨時間、做事無效率，而是要有條不紊地去做。人的體能和思維有一定的限度，為了避免因快出錯，甚至鑄成大錯，還是不要太急切吧。

經常開車的人會對這條墨菲定律體會頗深。的確，如果遇上塞車，你會發現旁邊車道的車開得比自己的車道快，然後忍不住切換過去了，心想變換車道後一定能快些，但墨菲定律會讓你事與願違，你會發現原先車道的車速變得又比這邊快了。於是你又想切換回去，當你真的又換車道的時候，相同的事情又發生了……到最後，你會發現，大多數時候是差不多快，甚至更慢。這還是小事，如果變換車道沒注意後面的車，很容易引來謾罵，進而發生爭執或別人故意不讓硬插進來，造成事故，最後沒辦法走了。

其實開車和買股票一樣，頻繁地切換，常常不能讓自己增加收益，更大的可能是會為自己帶來損失。專門製造全球定位系統的湯姆公司 2013 年做了一項調查，結果顯示，司機變換車道不但不會為他們節省時間，反而會令他們的通勤時間增加。這項調查指出，變換車道最多會增加他們一半的通勤時間。

所以，我們都多點耐心吧！

禍不單行

有一句俗話說：「人倒楣喝涼水都塞牙。」有沒有那麼一段時間，你覺得自己簡直就是被厄運纏身了，各種麻煩都降臨到你的身上，不管走到哪兒，生活都是一團糟，心情也跌到了谷底。反覆幾次之後，你開始相信所謂的命運，認為自己就是被上帝隨意擺弄的棋子。

在極度消極的情況下，你開始回憶發生在自己身上的一連串倒楣事：上班的路上，不小心摔傷了腳踝，沒有辦法正常工作，只好請假休息。結果，那天剛好是主管想把重任交給你的日子，由於你的缺席，這項任務就轉交給了其他同事。那位同事順利地完成了任務，得到了老闆的賞識，很快就升職了。

好不容易熬到出院，想回家好好放鬆一下，卻發現家裡鑰匙丟了。你不得不找人開鎖、換鎖，又額外花了一筆錢。這樣的倒楣事，讓你心情很差。第二天，心神不寧的你又弄壞了一個心愛的東西，那是你花費半個月的薪水買下的，價格不菲……於是，你開始煩躁，心裡咒罵道：「為什麼要跟我過不去，為什麼讓我如此倒楣？」

你以為，這樣的咒罵就能趕走厄運嗎？墨菲定律告訴我們：這場可怕的「遊戲」才剛剛開始！一旦你遇到了麻煩，你就會再為自己添麻煩！

為什麼會這樣呢？你一定聽過吸引力法則吧？遇到了麻煩事的人，如果將注意力放在當前正處理的麻煩事上，他就會吸引與之頻率相同的事情，比如人際衝突、溝通障礙。這些麻煩又會替代原來的麻煩，從而引發更多的麻煩，形成惡性循環。

不可否認，這些麻煩的出現有一些巧合的因素在裡面，但究其根本，還是心理失衡導致的不良心態引起的。

其實，當災禍降臨後，人的情緒容易變得煩躁，對災禍的感受也變得更敏感，從而容易引起連鎖的「情緒災難」，甚至平時不覺得是麻煩的事情也被視為災禍。

與其咒罵命運，哭訴自己倒楣，不如拋開那些煩惱。遇到麻煩後，客觀地對待它，就事論事，找到問題的真正原因，養成分析問題、解決問題、終結問題的習慣。

另外，還要學會控制自己的情緒，心態出現偏頗的時候，要及時調整，保持冷靜的狀態。只有這樣，才能把糟糕的根源扼殺在土壤裡，阻止它四處泛濫。

第二章
誰是墨菲定律的成長幫兇

　　「墨菲定律」之所以能夠風靡世界，是有其深層的社會根源和主、客觀原因的。在20世紀的美國，由於高科技產業的發展，處處瀰漫著樂觀主義思潮，似乎人類不僅可以改造自然，還可以征服自然。

　　人類這種夜郎自大的思想再加上自身的弱點，如自我膨脹、急於求成、諱疾忌醫，以及生長環境的限制、社會體制的差異、事情本身的難度等原因，為「墨菲定律」的生成創造了適宜的環境，使其順勢而長，樹茂葉盛。可以說，人類就是墨菲定律能夠生存和成長的最大幫兇。

很多事情都是我們自找的

　　人不僅是一種理智的存在，而且還有豐富而複雜的心理活動。健康的、積極的心理是人們打開成功之門的必要條件，而非健康的、消極的心理則會使人掉進失敗的陷阱。

　　人世間的許多失敗，大多是由於人自身造成的；同樣的一件事情，讓不同的人去做會產生差異很大的效果，其原因在於人自身的能力和才智不同。分析認為，生活中使「墨菲定律」得到靈驗的主觀因素主要有以下八個方面：

◇ 自我膨脹

　　世界上最難認知的就是自我，自我之謎是認知領域內的史芬克斯之謎。人能夠了解植物、動物和他人，卻很難了解自我；人可以無情地批判他人，揭他人之短，卻不太情願批判自我，揭自己的醜，除非受到外力或理智的強制執行。

　　很多時候，人們會產生自我評價過高的現象，其主要表現為過高地估計自己的能力，過分地誇大自己的優點、長處和成績，過高地評價自己在社會或工作中的地位和作用。

　　一味過高地估計自己的能力，往往是在某一或某些方面有較強能力的人易犯的毛病。在過去的現實活動中，由於自己在某一或某些方面表現出了較強的工作能力，得到了他人的讚美，便因此而覺得自己樣樣精通，看不到自己能力上還存在缺陷，還依然需要努力。

此種自我評價過高容易產生自我膨脹效應，也是一種極端驕傲的情緒。這種人唯我獨尊，不懂得人外有人，天外有天。

於是，盲目地自我陶醉、孤芳自賞，滿足於一得之功、一孔之見、一技之長，躺在已有的功勞簿上安然地睡大覺，不思進取，不能取人之長補己之短。久而久之，這些人由於內部的驕傲之氣與日俱增，最終必然會遭遇到失敗的打擊。

◇能力不足

每個人的能力有高低、優劣之分。有的人記憶力驚人，過目不忘；有的人則記憶力較差，常常丟三落四，騎馬找馬；有的人能統率千軍萬馬，運籌帷幄，決勝千里；有的人連幾個部下也管理不好，甚至自己一個人都管不好。

這些都說明，不同的人其能力是有差異的，甚至有著很大的差距。有的人由於能力低下力不從心，有時不得不勉為其難地從事自己也毫無信心做好的工作，有時則為了掩飾自己的低能和無能，還故意假冒內行或能手，其結果必然是把事情辦得一團糟，甚至是敗得一塌糊塗。

在同一個人的能力結構中，各種能力往往不是平分秋色，而是有優勢與劣勢之分的。只有根據不同人的能力的特點，用其所長，避其所短，才能做到合理使用人才，實現人盡其才；只有將具有不同優勢和劣勢的能人進行最佳化組合，才能產生互補效應。也只有清楚地認知自己能力上的優勢和劣勢，才能設計出有望成功的奮鬥目標。

◇急於求成

做工作急於求成是一種急性子的表現，具有這種性格的人，表現在心理方面就是急躁，缺乏應有的耐心，渴望立竿見影。表現在行為方面就是辦事節奏快，有時難免會有些馬虎、草率。這種性格的人喜歡速戰速決，不喜歡慢慢吞吞，三分鐘熱度，熱情來得快去得也快，常常會對別人發脾氣。

急性子的人適合從事要求速度快但不要求特別精細的事情。做這種事情，他可以很快地完成任務，但他沒有耐心去做那些要求特別精細的事情，勉強去做時也會很不耐煩，易發脾氣，或半途而廢，或隨隨便便地應付一下。

羅馬不是一天造成的，希望盡快獲得成功，人心皆同。但是，性急者則幻想一步就到達目的地，急於求成，其結果往往是欲速則不達。一切成功都需要有客觀條件的成熟與主觀條件的成熟相對稱才行。換言之，需要同時具有成熟的客觀條件與成熟的主觀條件才能取得成功。

如果缺乏了上述基礎，就會脫離實際，導致盲目追求高標、高速度。在急於求成的心理驅動下，脫離現實的客觀情況和主觀條件，設定一個在目前條件下不可能達到的遙遠目標，並想以強制的辦法高速度地向這個目標邁進，其結果必然導致失敗。

◇ 南轅北轍

它指的是一種方向性的錯誤，指本來應該向南行卻向北行，比喻為背道而馳，主觀與客觀相反，向著與客觀實際相反的方向行動，這是主觀唯心主義的一種表現形式。

犯方向性錯誤，對於犯錯者來說往往是不自覺的，不知方向有誤，同時還會繼續朝著錯誤的方向前進。正因為絕大多數犯方向性錯誤的人處於未能覺察的狀態，他們自以為是地朝著正確的方向前進，所以其危險性更大，危害性更大。

因此，一個能保持正確方向的瘸子總能超越走錯了路而又善於奔跑的人。如果一個人走錯了方向，那麼越是跑得快，離目標就會越遠。健步如飛而迷失方向的人比跛腳的迷路者錯得更遠，失敗得更為慘烈。

◇ 守株待兔

出自《韓非子·五蠹》的「守株待兔」寓言故事，道出了狹隘經驗型思維方式及其危害。經驗思維定式和習慣性的經驗操作程序在一定範圍內是有效的，它們可以加速思維活動的完成，縮短思維過程，提高思維效率，但它們具有一定的不可靠性。

特別是在處理表面上類似於過去的經驗，實際上卻比過去的經驗要複雜得多、有根本的不同點的新資訊時，它們的可靠性就更低。這就需要運用理論型思維方式來彌補它們的

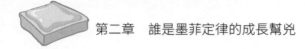

這種局限性，這樣既可尊重經驗，又不迷信經驗，不把經驗凝固化、絕對化，既重視理論的作用，又不忽視經驗的功能。

在人類的科學史上，有些科學家因為局限於狹隘的經驗型思維方式，也曾造成了科學發現過程的失敗。克魯克斯、古茲彼得、詹寧斯、萊納德等科學家在倫琴發現 X 射線之前，都差不多已經走到了這一重大發現的邊緣，但是他們卻由於局限於過去的經驗裡，不能正確地理解和闡述他們自己所做實驗中出現的新現象的意義，以至於接二連三地錯過了發現 X 射線的大好良機。

正如恩格斯所說：「在物理學史上，當電學處於支離破碎的狀態時，片面的經驗在這一領域中占有優勢。這種經驗竭力要自己禁絕思維，正因為如此，它不僅是錯誤地思維著，而且也不能忠實地跟著事實走或者只是忠實地敘述事實，結果就變成和實際經驗相反的東西了。」

「守株待兔」的人會在不知不覺中消耗自己的青春，無法把自己的潛能在環境中最大限度地發揮出來，這種人十之八九是注定要失敗的。

◇水中撈月

此語是指主觀脫離客觀實際，對客觀實際做了顛倒的、虛假的認知，去做客觀上不可能實現的事情，做無用功，這是主觀唯心主義的另一種表現形式。人的認知如果未能把顛

倒了的東西再顛倒過來，未能透過虛假透視掌握其本來的真實面目，就會形成對客觀實際顛倒、虛假的了解。於是，以想像中的「真實」代替了客觀的真實，以假亂真。

水中撈月者把行動和希望構築在虛假的認知之上，因而其內心希望最終必定化為泡影，其行動必然流於徒勞。希望在水中撈月者，希望越強烈，失望就越多、越嚴重。在水中撈月，行動越賣力，費力越大，耗時越久，醒悟越遲，失敗及其造成的損失也就越嚴重。

◇刻舟求劍

它意味著一種教條主義、刻板的思維方式。這種思維方式獲取資訊的管道是「書本」、「文件」，在加工方式上是用孤立、靜止不變的思想觀念去機械地加工所獲得的資訊；在資訊輸出方面，把形而上學的結論機械地套用到其他事情上去。

從根本上來說，教條、刻板的思維方式的形成，是由於缺乏辯證發展的觀點。按照辯證發展的觀點，一切事物都是在運動和變化的，是絕對運動與相對靜止的辯證統一，世界是永恆發展的，發展是由小到大、由簡到繁、由低階到高階、由舊質到新質的運動變化過程。

由此，必然得出這樣的結論：一切僵硬的東西溶化了，一切固定的東西消解了，一切被當作永久存在的特殊東西變成轉瞬即逝的東西，整個自然界被證明是在永恆的流動和循環中運動著。

　　缺乏辯證發展的觀點，就會把相對靜止絕對化，把事物視為靜止不變、孤立、僵硬、固定、永久存在的東西，從而形成教條、刻板的思維方式。

　　三國時的馬謖就是典型的教條主義者，他熟讀兵書，是諸葛亮的愛將，他的很多建議都被一一採納，受到諸葛亮的賞識。但是他在守衛街亭時採用教條主義思維方式，不了解街亭的地理環境，把軍隊駐紮在山頂，想用「勢如破竹」的方式衝下山去擊退敵人。卻不曾想到，對方主帥司馬懿把山團團圍住，斷其糧草和水源，採用火攻打敗了他，奪取了街亭。

　　教條、刻板的思維方式，容易使人思想僵化。思想僵化，就會缺乏開拓進取的精神，不能根據新情況、新問題制訂符合實際的新計畫，思想和行為均趕不上變化中的實際，在現實生活中必然處處碰壁。

◇ 諱疾忌醫

　　諱疾忌醫者，一方面固執地將自己的錯誤隱瞞起來，極力地不讓人知道；另一方面當別人批評和指出自己的錯誤時，又矢口否認，全然不當回事。

　　固執地隱瞞自己的毛病，只能招致最後的失敗，甚至可能加速死亡。比如，隱瞞疾病，可能由小病演變成大病，以至到不治之症的地步，也就沒有獲救的希望了。

　　隱瞞錯誤，則不僅可能危及生理生命，而且可能危及事業生命、政治生命。固執地隱瞞錯誤，就會使小錯誤變成大

錯誤、簡單的錯誤變成複雜的錯誤、輕微的錯誤變成嚴重錯誤、非傳染性的錯誤變成傳染性的錯誤，最終發展到不可收拾的地步。

牛頓是一位偉大的科學家，在物理學、熱力學、數學、天文學等方面都做出了巨大貢獻，在光學方面也取得了卓越的成就，但他在光學研究中也曾因為拒絕他人的批評而遭受過失敗。

牛頓設想，如果不同的物質有不同的折射率，那麼，水和玻璃的組合，肯定會使折射發生某些變化。這種設想本來是正確的，但是，牛頓所選用的那種玻璃恰好與水有相向的折射率，所以儘管他多次重複這一實驗，還是沒有發現折射角有什麼變化。

於是，他從這一有限的特殊實驗事實得出了一個普遍性的結論：所有水間的透明物質都是以相同的方式折射出不同顏色的光線，又由於折射必然引起色散，所以，望遠鏡的色差問題是無法解決的。牛頓對此深信不疑。

當時，有一位對光學很感興趣的人，名叫盧卡斯，他用另一種玻璃重複了牛頓的上述實驗，得出了與牛頓不同的實驗結果。盧卡斯十分驚奇，並將自己的實驗結果告訴了牛頓。但是，牛頓非常固執地堅持自己的看法，他始終認為自己多次重複的實驗不會錯，也不可能有錯，因而不接受盧卡斯的意見，也不再做進一步的實驗。

牛頓死後，人們才再次證明他對這一實驗結果的解釋是錯誤的。由於諱疾忌醫，牛頓失去了改正這次錯誤的機會，從而失去了做出色散可變性這一重大發現的機會。

外在的危險防不勝防

　　人能夠有意識、有目的、有計畫、創造性地認識世界並改造世界，演出一幕又一幕威武雄壯、豐富多彩又驚心動魄的戲劇。但是，人又不是萬能的，對世界的認知和改造及其成果，總是要不同程度地受到其所處的生存環境、所從事的活動及其所需要的工具和所遇到的競爭對手等外在因素的制約。分析制約「墨菲定律」生成的客觀因素，主要有以下幾個方面：

◇ 生存環境的限制

　　社會是由複雜的社會關係網所覆蓋的，複雜的社會關係與不良的社會風氣相交織，妨礙人們改造社會的部分目的的實現。人是一切社會關係的總和，個人之間、團體之間、國家之間以及它們內部之間的矛盾交叉關係，縱橫交錯，形成極其複雜的社會關係網。

　　每一個人和團體都是這張巨網上的一個結，其活動目的的實現都必然接受這種社會關係網強有力的制約。要成功地處理種種複雜的社會關係，已經不是一件容易的事情，如果在這複雜的社會關係中再滲透進不良的社會風氣，就會使人們改造社會的活動更為困難。

　　不可忽視的是，來自家庭的負擔主要不是物質上的貧窮，而是精神上的枷鎖。比如，缺乏感情的夫妻生活，一方

給予另一方以精神上的奴役和摧殘，因為其中一方的自私自利和固執而爆發「離婚大戰」；由於婆媳關係處理不好，做丈夫的「兩頭受氣」，在「夾縫」中求生存，這些都會成為沉重的精神負擔，使人疲於應付家庭衝突的處理，無暇顧及事業，或不得不拿出許多時間去擺脫家庭的拖累和煩惱，從而直接或間接地造成在事業上、工作上的失敗。

◇事情本身的難度

　　失敗和人們所從事的事情的難易程度息息相關，事情的難度越大，失敗的可能性和次數也就會相對增加。大家都有這樣一個心理，對於那些難度係數較大的工作，不願意輕易插手，怕的就是經過了一番努力，也無法取得令人滿意的效果。

　　特別是人們對事情的變化要有一個適應過程，要經歷由不適應到適應的過程。正因為如此，一種新生事物在剛開始出現時，通常只有少數人才能適應、接受它，而這少數推崇新生事物的人在其活動過程中，不得不忍受暫時的失敗痛苦。

　　新生事物的成長是一個充滿艱難和困苦的過程，它既要經受敵對方的故意扼殺與挑戰，又要遭到善良的人們不理解、不支持的考驗。加之，新生事物在剛開始出現時總是很稚嫩的、不成熟的，所以暫時的失敗是難免的。

　　人們所從事的工作本身存在著各種困難，特別是探索性活動的風險將更大，為人們了解和改造世界帶來了一定的阻力，其間會出現某些失敗，這是難以完全消除的。

◇所用工具的缺陷

工具在了解世界和改造世界中的作用，隨著認知領域和實踐領域的拓展而顯得越來越重要。在當今科技高速發展的新形勢下，人的認知已經深入到宏觀和微觀領域，要在更深更廣的物質層次上揭示自然界的本來面目及其發展規律，工具、儀器的重要作用正在日益突顯。

有軟體工具而無硬體工具，或有硬體工具而無軟體工具，都不可能成功地達到理解和改造世界的目的。缺乏必要的物質性的硬體工具，就無法實現對事物的物質性改造，因為物質的東西必須用物質的方式才能加以改造。

要改造月球、火星，沒有必要的、先進的航太工具，就只能流於「嫦娥奔月」的幻想。要改變基本粒子的形態，沒有必要的、先進的電子對撞機等機器設備，就只能望洋興嘆。缺乏必要的精神性的軟體工具，同樣會導致失敗。

在現代社會中，不大力發展科學技術，不占領科技前沿陣地和制高點，不用現代先進的生產工具裝備國民經濟的主要行業和部門，就無法在國際經濟大循環中立於不敗之地，就會被競爭對手所打敗。

◇競爭對手的強大

有些失敗，並非自我方面的失誤所致，也不是因為能力不足所致，而是因為遇到了強大的競爭對手。如果不是遇到了比自己更強大的競爭對手，勝敗的結局則會是另外一種情

形。難怪周瑜會發出「既生瑜，何生亮」的哀嘆。如果不遇上諸葛亮這個強大的競爭對手，周瑜個人的歷史也許會被重新書寫。

優者勝，劣者敗。以弱對強，弱者的失敗是必然的。在軍事上，因敵強我弱、敵眾我寡而失敗，講的就是對手的強大造成了我方的失敗。在戰場上有這種情形，在商場、情場上也不乏其例。

因競爭對手的強大而失敗，是在競爭活動中出現的一種情形，它不是失敗的唯一原因，但確是失敗的原因之一。忽視這種原因，對失敗者一味地埋怨、責備，這是不公平的。

尤其是那些觀看體育大賽的體育迷們，當我方運動員因遇上強大的競爭對手而丟掉了冠軍時，摔酒瓶子，痛罵或責怪運動員，或找裁判算帳，或燒汽車、打對方運動員，這些都是一種不理智的行為。

即便不是遇上強大的競爭對手，失敗也是難以完全避免的，失敗是競爭之常事，誰不曾失敗過呢？己所不欲，何必強加於人呢？

◇失敗的謬誤歸因

對失敗的歸因認知，有正確與謬誤之分。簡言之，對失敗的原因做出不合實際的解釋，就是對失敗的謬誤歸因。

在分析自己失敗的原因時，需要從主觀和客觀兩個基本方面著手，做出合乎實際的結論，以便改變或挽回失敗的局

面。但是，如果一味地怨天尤人，僅僅從客觀方面而不從主觀方面去尋找失敗的原因，則對自己有百害而無一利。

就失敗的主觀原因與客觀原因兩方面而言，其中更為重要的是對主觀原因的理解。有些失敗也許與他人的干擾有關，但是，真正打敗自己的並不是別人，而是自己。被人打倒了，還可以再站起來，被自己打倒了，要站起來是非常困難的。

另外，還要認清失敗的結果是一種客觀存在的事實，失敗的原因也是一種客觀存在的事實，透過實事求是的分析研究，揭示這兩種事實之間內在的固有連繫，不但是對尚未終結或有可能挽回的失敗採取切實可行的補救措施的現實需要，而且是總結經驗教訓，從而避免重蹈覆轍、少走彎路的理論前提。

有些失敗怎麼也無法逃避

如果說，對於某件事情而言，成功的道路只有一條，則失敗的道路可能有千萬條。要了解失敗，除了要弄清失敗的諸多原因外，還應該明白失敗有哪些類型。不同類型的失敗有其不同的特徵，也就有相應的不同超越方法。

在科學研究中，分類學也許是最難的一門學科，因為事物的種類是無限的，事物之間的界限既是確定的又是模糊的，既有非此即彼，又有亦此亦彼。因此，人們可以根據需要和事物本身的特徵，對事物做相對的歸類，但毫無遺漏與交叉的分類是很難做到的。

由此說來，對失敗類型的探討同樣存在分類學所面臨的困難。亞里斯多德也曾指出這一點，他說：「失敗可能有多種方式，反之，成功只能有一種方式。」依據「墨菲定律」，對失敗的類型，從本質上劃分，可以有以下五類：

◇必然性失敗與偶然性失敗

必然性失敗中有偶然性失敗的因素，透過大量的偶然性失敗表現出來，並以偶然事件得以完成。失民心者必將失天下，這是一種必然性失敗。偶然性失敗的背後隱藏著必然性失敗的因素。偶然性的失敗總是受某種必然性的支配，偶然性失敗的原因與結果之間總有某種必然性、規律性的連繫。

拿破崙在滑鐵盧戰役中的失敗就體現了偶然性失敗與必

然性失敗的連繫。西元 1815 年 6 月的一天，滑鐵盧戰役開打了。拿破崙率領 7 萬多人與威靈頓率領的 6 萬多人進行生死決戰。

戰場上的實力法軍占優勢，戰鬥開始後的一段時間，法軍一直掌握著主動權。後來英軍的援軍及時趕到，而法軍的援軍卻未能趕到戰場，結果拿破崙在滑鐵盧遭到了澈底失敗。

拿破崙這次失敗是偶然的，是由於英軍援軍趕到後使戰爭雙方力量對比發生了根本性的變化。如果法軍援軍能夠及時趕到，或者英軍援軍也沒有趕到現場，則滑鐵盧戰役的歷史及拿破崙的傳記也許就要重新書寫。

但是，這種偶然性失敗的背後實際上有其必然性：拿破崙有無限擴張權力的野心，要成為整個世界的統治者，稱霸世界的企圖是必然會失敗的；其二，法國所進行的是非正義戰爭，勢必會失去民心，也必然會以失敗而告終。這兩點決定了拿破崙失敗的必然性。

必然性失敗與偶然性失敗在一定條件下會相互轉化。如果對造成必然性失敗的原因有深刻的認知，在一定程度上改變這種原因，就可以使之轉化成偶然性失敗。

◇嚴重失敗與輕微失敗

嚴重失敗與輕微失敗也是可以轉變的。正確地審視嚴重失敗，可以使之轉成輕微失敗，直至被消除；錯誤地對待輕

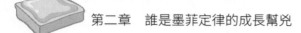

微失敗，則可能使其變成嚴重失敗。任憑輕微失敗自然化，它就會逐漸演變為嚴重失敗；任憑嚴重失敗自然化，它就會演變成不可收拾的結局。

對嚴重失敗和輕微失敗必須予以正確地對待，才能避免發生質的轉變。忽視輕微失敗的存在與潛在危險性，不去積極地消除它，而將輕微失敗引以為「驕傲的資本」，則必定使之演化為嚴重失敗。

因此，對於那些輕微失敗的跡象要從細節上著手，把大問題分解成一個一個的小問題，從解決這些小問題開始，下扎實的功夫，分而化之，嚴重失敗也就會逐漸向輕微失敗轉變。

◇合理性失敗與不合理性失敗

合理性失敗，是在特定的環境和情形中不可避免地要發生的失敗，是符合常理的失敗；不合理性失敗，是在特定的環境和情形中本來可以避免的失敗，是不合常理的失敗。

允許人們有合理性失敗，也就是鼓勵人們去大膽地進行理論創新、技術創新和實踐創新。有句古話：「成者為王，敗者為寇」，也就是以成敗論英雄。

在現實生活中，人們往往不分青紅皂白地貶低、斥責失敗者。區分合理性失敗與不合理性失敗，有助於改變那種以成敗論英雄的傳統觀念和偏見，從而給予那些因敢於創新而失敗的人們以應有的鼓勵、保護和理解，消除創新者的心理障礙，使他們能夠保有創業的熱情。

◇局部失敗與全局失敗

如果局部失敗未受到應有的重視而悄悄擴大；如果只是孤立、靜止地看待局部失敗，就會覺得它微不足道，不屑一顧，因而不加以注意，其結果就會產生「蝴蝶效應」，使局部失敗擴大為全局失敗。「千里之堤，潰於蟻穴」說的就是這個道理。

所以，對於局部失敗不加以或未能給予足夠的重視，粗心大意，則會大意失荊州。不注意及時消除局部失敗的隱患，它就會悄悄地擴散，乃至引發全局的失敗時，已經悔之晚矣。

全局失敗往往使人們的自信心遭受嚴重的打擊，甚至使其自信心幾乎喪失。沒有足夠的自信，要克服全局失敗，是不可想像的。因此，要化解全局失敗，首先要盡快恢復自信，而要恢復自信，就要以寬闊的胸懷去包容全局失敗。

全局失敗發生時，人們往往只看到自己所存在的缺點和短處，只看到陰暗的一面，因而心理負擔非常沉重，從而失去自信。要改變這種狀況，便應多看到自己的優點，肯定自己的成績，相信自己能從全局失敗中盡快地擺脫出來。

◇決策失敗與實施失敗

決策失敗，是指對比較重大的事情未能及時做出正確的決定，未能制定正確的策略、規畫和切實可行的方法。

比較重大的事情，對於一個國家來說，主要是基本國

策、路線、方針、政策，以及其他關係到國計民生的一些重大事情；對於一家企業來說，有經營方針、生產項目和產品、銷售策略、品質管理，以及其他關係到企業生存和發展的重大決策；對於個人來說，主要是關係到個人的事業、工作等對個人前途有較大影響的事情。

對於這些重大事情沒有做出正確的決策，或者沒有及時地做出正確的決定，所制定的策略和規畫有誤或不嚴謹，有重大失誤，制定的辦法又不具有可行性，都會導致決策失敗。

未能自覺而準確地理解決策，只是一味地盲從，必然會糊裡糊塗地執行決策。對決策的理解不準確，發生了極大的誤解，則會誤將錯誤的做法當做正確的去執行，把正確的做法視為是錯誤的給予拋棄，也可能自作主張，隨意地改變正確的決策，卻還自以為是，都會導致實施失敗。

第三章
近距離探祕墨菲定律

　　無論是出於什麼因素，人都是會犯錯的，失敗和挫折是不可避免的產物。關鍵在於面對失敗和挫折的時候，你是一種什麼樣的態度：是選擇迎難而上，還是選擇畏懼退縮？消極地沉浸在挫折帶來的苦難中，你只能被風浪淹沒；而勇敢一些，迎難而上，則會在風雨過後迎來美麗的彩虹。

　　近距離探祕「墨菲定律」，正確理解其所含意義，首先有利於我們時刻保持清醒頭腦，防微杜漸，避免意外事故的發生。其次，若是有些失敗是不可避免的，我們也能夠正確面對，並認真分析導致失敗的諸多原因，從而減少錯誤的發生。

太過在意反而越容易失敗

人生是怎樣的一種經歷？借用俄國作家車爾尼雪夫斯基的一番話來回答這個問題最為恰當：「歷史的道路不是涅瓦大街上的人行道，它完全是在田野中前進的，有時穿過塵埃，有時穿過泥濘，有時橫渡沼澤，有時行經叢林。」

「墨菲定律」告訴我們，無論是出於主觀因素還是客觀因素，人都是會犯錯的，失敗和挫折是不可避免的產物。從這個意義上來說，沒有誰比誰幸運，現實總是充滿坎坷的，關鍵在於面對挫折的時候，你是一種什麼樣的態度。

這件事發生在日本某公司的一次應徵中。一位平日成績優異、從未有過失敗經歷的年輕大學生，由於沒有被錄取而自殺。三天後，當企業負責人查詢電腦資料時意外地發現，那個自殺的應徵者各方面成績和表現都很好，只是由於電腦的失誤，他才會被淘汰。

此事一經爆料，各界議論紛紛，有嘆息聲，有感慨聲，但更多的是反思。一個經不起失敗、經不起考驗的人，將來如何迎接比面試更加殘酷的競爭？如何去承受比面試失敗更糟糕的情形？就算他成績優異，各方面能力突出，這種不堪一擊的心理特質，也注定會成為他人生中的絆腳石，一旦遇到風吹草動，他立刻就會懷疑自己，選擇認輸。

退一步說，就算是真的失敗了，又怎樣呢？那不過代表

暫時沒有成功，並不意味著你不夠優秀、你比別人差，也許是各方面機緣條件的巧合，也許是你的情況暫時不符合需求，僅此而已。一朝被蛇咬，十年怕草繩，你無法面對這個失敗，屈從於現狀，受制於情緒，承認了未來的你也會跟此時此刻一樣，不會有任何的改變和進步，那才是澈底輸了。因為，你的認輸意味著你不僅否定了現在的自己，也否認了將來的自己。

成功學大師拿破崙・希爾曾經這樣解釋過人生的逆境：「那種經常被視為是失敗的事，只不過是暫時性的挫折而已。還有，這種暫時性的挫折實際上就是一種幸福，因為它會使我們振作起來，促使我們調整自己的努力方向，令我們向著不同但更美好的方向前進。」

所有成功者，他們的成功都不是與生俱來的，他們能夠取得成功的最重要原因就是開發了自己無窮無盡的潛能。當你遭遇失敗、聽到否定之聲的時候，不要讓它們變成你思維裡的一堵「牆」，你應該相信這不過是一次意外或考驗，此時此刻的境遇決定不了你的未來，你身體裡蘊藏著的才氣、能力和創造力，遠比你已經表現出來的要多得多。

調整心態後，認真地反思一下不足，並相信自己可以透過努力去彌補些空白。一旦你對自己的能力產生了肯定的想法，你的潛能很快就會被激發出來，而你也會因此獲得一個好的結果。謹記，成功這件事不怕萬人阻擋，就怕你自己投降。

已經這樣了，不如瀟灑一點

　　生活總是溝壑不平，坎坎坷坷。每個人都可能陷入糟糕的境地，怕就怕你自認為那已經是絕境。「墨菲定律」告訴我們，沒有最糟，只有更糟。如果事情可以更糟，那它就真的可能變得更糟。

　　打開網頁看看，世間不幸者太多了，且是厄運連連。有些人家境貧寒，家中有人身體不好或早逝，還偏偏不斷遭遇各種橫禍和意外，讓旁觀者不禁皺眉感嘆：為什麼他們總是遭遇不幸？難道是上天故意給他們的折磨嗎？如果是故意的，那也足夠多了啊！

　　其實，這並不能全部歸咎於命運。如果事情還可以更糟的話，即使更糟糕的情況沒有出現，它也已經處於潛伏狀態了，只不過我們未曾發覺而已。磨難太多固然不是好事，但決定生活境況會不會變得更糟的，還是個人面對挫折時所採取的人生態度是積極還是消極。

　　讓我們看看林肯的一生。出生時家裡一貧如洗，9 歲時母親去世，15 歲才開始讀書。24 歲時與人合夥做生意，公司因經營不善而倒閉，並因此負了 15 年的債。後來，他再次經商，依然以失敗告終。他 8 次競選，8 次落敗，甚至還精神崩潰過一次。

　　面對這些挫折，林肯的選擇是不放棄，繼續前行。終

於，在西元 1860 年，他當選為美國總統。然而，厄運和磨難並未遠離他。剛當上總統不久，南北戰爭就爆發了，他在初期的戰爭中屢戰屢敗，最後好不容易統一了美國，再次當選總統。一切剛剛塵埃落定，他就在去福特劇院看戲時遭到了刺殺，結束了這充滿苦難卻又不凡的一生。

林肯的一生從未離開糟糕的境遇，似乎是越來越糟。換作常人，也許早已選擇放棄，甚至已經無力再站起。但林肯沒有退縮過，一直向前走。正因為此，他才改寫了美國的歷史，成為至今依然受人敬仰和懷念的總統之一。

很多人都有林肯的倒楣，卻沒有林肯的成功，區別就在於身陷困境的時候，只是一味地抱怨、乞憐。要避免事情朝著更糟的方向發展，就要在糟糕的境遇中竭盡全力地去做力所能及的事，努力扭轉和挽回局面，避免更大的損失和傷害。

人生難免會有困難坎坷抑或是沉重的打擊，面對這些，你可以傷心，你可以悔恨，但不能喪失面對它的勇氣，更不能一味地認為失敗就是痛苦。「雨打梨花，飄零滿地，但落花不會因為你的憐惜就重上枝頭。滔滔江水，一往無前，它也不會因為你的痛苦就停止流動。」

人的一生，坎坷也好，失敗也好，戰勝了就會無悔。失敗算什麼？痛苦又算什麼？一生孤苦不幸的貝多芬在雙耳失聰之後，仍不忘告誡自己，要扼住命運的喉嚨；義大利旅行家馬可‧波羅在蒙受牢獄之災後並沒有一蹶不振，而是寫出

了著名的《馬可‧波羅遊記》；海倫‧凱勒從小雙目失明，卻學習了十幾種語言；杏林子終身要忍受病魔的摧殘，可是她的文章卻感動了許多人……

　　一次的失敗並不代表永遠的失敗，我們千萬不能走進這樣的誤區，而誤以為失敗以後就再也沒有機會東山再起。如果這樣想，既是對失敗的不尊重，也是對自己人生的不尊重。你願意做一個對生命不負責的人嗎？不願意的話，就從為失敗正名開始，追求美好的人生吧！

第六感是我們的「特異功能」

在我們的日常生活中，「墨菲定律」的身影隨處可見，比如：在交際中，你越是不想見到某人，跟某人相遇的機會越會增加；早上上班起床的時候，怕把孩子吵醒，你一再注意，結果孩子還是醒了；在街上準備攔一輛車去赴一個時間緊迫的約會，但你會發現街上所有的計程車不是有客就是根本不搭理你，而你不需要計程車的時候，卻發現有很多空車在你周圍開來開去……只要細心觀察，有很多事情和墨菲定律有著密不可分的連繫。

1983 年 9 月，洛杉磯的蓋蒂博物館得知，一位藝術品經紀人手上有一座大理石「青年立像」，該立像據說出土於希臘，創作於西元前 6 世紀，保存得非常完好，可謂稀世珍寶。

但博物館的工作人員面臨著一個嚴肅問題：這座雕像是真是假？博物館組織專家展開了非常謹慎的調查工作，還專門聘請地質學家用高科技技術檢驗石材的年代。

經過長達 14 個月的調查後，博物館實在沒有找到證據證明雕像是贗品，因此高價購入。雕像入駐博物館後，許多世界頂級的古文物專家慕名前來參觀，但就在看到了這座雕像後，他們都認為不是真品。這些專家並沒有進行詳細的檢驗，他們只是在看第一眼的一剎那，就感覺哪裡不對，可又說不清問題究竟在哪裡。

　　一位古希臘像專家說，他看到雕像的第一眼感覺就是：「他很新鮮，一點都不像在地下埋了幾千年的。」還有一位博物館館長說：「感覺這個雕像從未在地下埋過，很奇怪。」博物館面對眾多專家的懷疑也動搖了，於是又組織專家進行深入調查並翻閱相關文獻，結果發現這些專家的「感覺不對」是正確的。

　　專家們和那位博物館館長的直覺驗證了「墨菲定律」——

　　人們覺得可能出錯的地方，就一定會出錯，在技術上很難分清真品和贗品的東西，在感覺上卻分辨出來了。所以，在日常生活和工作中，我們的感覺是靈敏的，而且有時是正確的。我們要相信自己的直覺，做好準備，這樣我們才能防止失誤和損失的發生。

你可以透過以下測試來判斷自己的直覺敏銳度。

用「是」或「否」回答下列問題：

01. 你曾經在門鈴響時就料到誰來你家嗎？

02. 你經常在沒有技巧的情況下也會贏一些帶有賭博性質的遊戲嗎？

03. 衣服只要看一眼，你就知道它合不合適嗎？

04. 你曾經覺得現在發生的事曾在某時絲毫不差地發生過嗎？

05. 玩猜猜看的遊戲，你經常贏嗎？

06. 在冥冥中，曾經有人指示過你嗎？

07. 你的命運真的有一種神奇的力量在操縱嗎？

08. 你曾經在對方尚未開口前就知道他想講什麼嗎？

09. 你能夠感覺到一個陌生人的好壞嗎？

10. 曾經一看到某套衣服，立刻有一定要買下它的直覺嗎？

11. 你曾經有過特別想念一個久未謀面的朋友時，那人就突
    然跟你連繫嗎？

12. 你曾經有過覺得某人不可靠的那種直覺嗎？

13. 你曾經在拆信前就已猜到信的內容嗎？

14. 你曾經有過對陌生人似曾相識的感覺嗎？

15. 你曾經因為不好的預感而取消遠行的計畫嗎？

測試結果：

「是」為 1 分，「否」為 0 分。

0 分：你幾乎沒什麼直覺。如果你慢慢培養自己的直
覺，會發現直覺帶來不少方便。

1～9 分：雖然你的直覺很強，不過往往不曉得如何
有效地運用。不妨讓直覺來為你做某些決定。你會發現，
許多解決問題的方法通常出現在一念之間，其效果有時勝
於苦思得來的。

10～20 分：你是個有敏銳直覺的人。這種天賦並不
是人人都有的。

不相信自己，你就做不好自己

　　李奧納德‧伯恩斯坦是世界有名的指揮家，可是他最喜歡的事卻是作曲。伯恩斯坦年輕時師從美國知名作曲家科普蘭，附帶學習指揮。他很有創作天賦，曾經寫出了一系列出色的作品，幾乎成了美洲大陸的又一位作曲大師。

　　就在伯恩斯坦發揮作曲天賦時，他的指揮才能被紐約愛樂樂團的指揮發現，力薦他擔任該樂團的常任指揮。伯恩斯坦一舉成名，在近 30 年的指揮生涯裡，他幾乎成了紐約愛樂樂團的名片。

　　功成名就是不是讓伯恩斯坦很有價值感？不，在他內心深處，依然更熱衷於作曲。閒著的時候，他總要把自己關在房間裡作曲，可是作曲的靈感已經很難回到他身邊了，除了偶爾閃現的靈光以外，多數時候他感受到的都是苦悶和失望。因為在他內心深處，有一個聲音始終在折磨著他：「我喜歡創作，可我卻在做指揮！」

　　伯恩斯坦的這種心理，其實就是陷入了墨菲定律中，即從主觀上認定某件事是不值得做的，那麼在做這件事時，總是抱著矛盾的心理、勉強的態度，即便是做好了，也不會有太多的成就感。

　　我們並不能斷言說哪一種工作類型一定是好的，因為人和人的性格本身就有差異，所以最好的辦法就是尋找一個和自己

性格相符合的工作，這樣人們才能全心全意地做好這份工作。

想滿足這個條件，我們就需要對自己的能力有一個了解，既不能太過高估自己，也不能太過低估自己。過於高估自己的話，我們在做事的時候就會覺得力不從心，難以將工作做好，慢慢地我們就會討厭自己所做的事情。一旦有了厭倦的心理，工作就難以進行了。如果過於低估自己，我們做的時候難以完全發揮自己的實力，那麼我們又會覺得自己被大材小用，手頭的工作是自己不值得做的。

相信很多人都有這個感覺，某件事情他能多做，但是想要做好卻非常困難。如果將一件事情做得非常含糊，我們內心就難以生出滿足感，時間久了，也會產生厭煩心理。所以我們說，要選擇自己能夠做好的工作，這樣才會讓我們越做越有熱情，越做越想做。

很多人都說人生如棋，意思是說人的一生變數很大。其實，人生與棋局除了這一點相似之外，還有很大的區別。因為人是有感情的，棋子則沒有，棋子放在哪裡，就在哪裡發揮作用，人則不一樣。一個人如果處在不適合自己的地方，內心就會產生嚴重的厭倦感和無力感，很多時候不僅發揮不了作用，還會有負面的影響。

所以，我們一定要做正確的人生定位，把自己放在最適合的位置上，放在自己想要存在的地方。很多事情都是這樣，只有你想做，你才有可能做好。

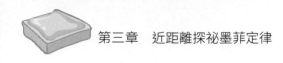

　　這就告訴我們，一定要選擇自己認為值得去做的事情，這樣才能讓你變得愈發能幹，得到心智和能力上的提升。那麼，如何判斷一件事情是否值得做呢？通常來說，一件事值得做與否，取決於三個因素：

　　第一，價值觀。只有符合我們價值觀的事情，我們才會滿心歡喜地去做。

　　第二，個性和氣質。如果做一份違背我們個性、氣質的工作，往往是很難做好的，這就好比自己明明很內向、很害羞、不善於溝通，卻非要去做銷售或公關，一定是很難受的。

　　第三，現實的處境。同樣的一件事，在不同的處境下去做，感受也不一樣。如果你在一家大企業做雜工，你可能認為是不值得的，可是當你被提升為後勤部主任時，你就不會這麼想了，反倒會覺得這工作很值得做。

　　不過，理想總是豐滿的，現實有時卻很骨感。當我們不得不去做一些不喜歡的工作時，最好的處理方式就是調整心態，把它當成值得做的事情去做。

第四章
不要讓墨菲定律牽著鼻子走

　　「墨菲定律」為我們揭示了一個極其簡單的道理，任何事物都有好與壞兩個方面，既然事情有成功的可能性，那麼也就有失敗的可能性，這不是以人的主觀意志為轉移的。

　　既然我們理解了事物的兩面性，那麼在工作和生活中，就應該讓自己保持謹慎嚴肅的科學態度，竭力規避風險的發生。規避風險首先要樹立自信心，克服不良心理，打破束縛自己的心靈枷鎖；其次要拒絕平庸，居安思危，提高自己的各方面能力；最後還要未雨綢繆，提前預防，最大限度地避免錯誤的發生。所以，千萬不要讓墨菲定律牽著鼻子走，那樣只會讓我們陷入絕境，再無掙脫的可能。

這個時代不能沒有自信

　　客觀地認識自己，評估自己，對自己進行正確的角色定位，是做好工作，規避「墨菲定律」，使自己不犯錯或少犯錯的前提。同時，有了正確的角色定位，也能提升自信心，遊刃有餘地完成各項工作任務。

◇明確自己扮演的角色

　　角色一詞原指戲劇、電影中的人物。演員在劇中扮演什麼樣的角色，其言行舉止、心理活動必須符合所擔當的角色形象。當人們在社會生活中充當不同角色時，其個性、心理傾向和個性心理特點受所任角色制約，自然而然地產生與角色相符的心理表現。這種因不同角色產生不同心理表現的心理現象，稱為「角色效應」。

　　有對先後相差一小時出生的孿生姐妹，外貌長得極其相似，穿著打扮也一模一樣，旁人常常因此而把她倆搞錯。她們從小學、中學甚至大學都在同班上課，但性格卻迥異：姐姐性格開朗，好交際，責任感強，處理問題果斷，較早地具備獨立生活和工作的能力；而妹妹則遇事缺乏主見，性格內向，不善交際，依賴性強。

　　為何父母相同，處在同一生活和學習環境、受到同樣教育的姐妹倆，性格有如此反差？主要是她們在家庭生活中充當的角色不同。

按照世代相傳、不成文的規矩：在多子女家庭，老大要時時處處做弟妹的榜樣，對弟妹要謙讓，對弟妹的行為負責。同時要求弟妹聽兄姐的話，遇事需多與兄姐商量，因此老大的性格一般比較溫和、持重。

角色地位要求姐姐具有責任感，具備獨立生活和社交的能力，充當妹妹的保護傘；妹妹則始終處在被支配和被保護的地位。長此以往，她們的性格特徵當然就有了明顯的差異，足見不同的角色會產生不同的心理效應。

角色與心理表現理應存在對應關係。若是兩者之間是一致的，稱為「相符角色」。例如，一個人在被提拔擔任主管前，他只是一個普通員工，平時說話可能比較隨便，對同事中一些不良現象礙於情面而不敢大膽批評等。但一旦被提拔後，意識到管理角色的要求，於是努力改變那些諸如講話隨便、嬉笑失度等不合管理角色的表現，時時嚴格要求自己，原則性要強些，對於那些有違職業道德的行為需要直言批評。這就是相符角色。如果還是像一般工作人員那樣，這就是角色與心理表現不相符。

這裡有兩種情形：一種是雖然角色與心理表現不相符，但其心理表現還是能為人們所接受，甚至受到稱讚。例如，此人在擔任主管後，一如既往與同事親密相處，但不徇私情，堅持原則，雖然同事對這種「一本正經」感到不習慣，但還是受到大家歡迎。另一種是角色與心理表現不相符，同

時又違背社會生活準則，如擔任主管後，主觀武斷、處事不公、以權謀私等，那麼理所當然受到譴責。

生活在社會上的每個人都扮演著多重角色，同時會有不同的心理表現。例如，一個中年人，在職場是主管，他會在行為上處事嚴謹，原則性強，注意自身形象；回到家裡則是家長，對父母恭敬孝順，對子女嚴格要求，並在子女面前以身作則，言談舉止溫文爾雅，善於指導孩子；他在公車上是個乘客，受到委屈時可能會與別人爭吵等等。為什麼同一個人充當不同角色、處於不同地位會有不同的心理表現？這是受角色形象制約所致。

同理，我們在工作中，如果能扮演好自己的角色，知道自己有多大能耐，能夠做多少事，工作就能遊刃有餘，就能少出事故，少犯錯誤。但如果我們不能正確定位自己的角色，做不了的事勉強去做，太簡單的事又不屑去做，這樣就容易出狀況、犯錯。

換句話說，在工作中，無論做什麼事，都要使之與自己的角色相符，要能正確了解自己的能力。

認識自己，心理學上叫自我知覺。心理學研究顯示，認為自己是怎樣的一個人，比自己實際是怎樣的人更為重要。自我認識正確，就能在心理上控制自己，使自己的行為恰到好處；否則，就像盲人騎馬，不清楚自己的思想、行為到底該往哪個方向發展，必然處處碰釘子、犯錯。

　　真正做到正確認識自己，是一件很難的事情。在日常生活中，人不可能時刻反省自己，也不可能總把自己放在局外來觀察自己。正因為這樣的原因，人需要借助外界資訊來認識自己。

　　但是，基於外界的複雜多變，人在認識自我的過程中很容易受到外界資訊的暗示和干擾，往往不能客觀地、真實地認識自己。通常情況下，不是抬高了自己，就是低估了自己。正所謂：「旁觀者清，當局者迷」。因此，不僅中國有「人貴有自知之明」的名言，古希臘著名哲學家蘇格拉底也說過類似的名言：「認識你自己。」

◇ 正確地認識自我

　　在日常生活中，我們可以透過以下幾種途徑來實現對自我的正確認識，扮演好自己應扮演的角色。

　　1. 學會面對自己，經常自我審視。要敢於面對自己，經常對自己在生活和工作中的表現進行評價與總結，進步之處要繼續保持，不足之處要及時改善，了解自己在群體中所處位置的變化等。這些都是自我審視、自我提升的常用方式。

　　2. 善於收集資訊，培養敏銳的判斷力。從周圍世界獲取有關自我的資訊，可以有效避免由主觀意識所帶來的偏差。例如，收集身邊的人對自己的態度、評價來了解自我，認識自我。此外，還可以根據自己的實際情況，尋找各方面相當的人與之比較，發現自己的優勢與缺陷。

透過這些方式，可以培養自我判斷的能力，幫助我們客觀地認識自己。生活中，有些人會故意誘發和獵取自己期望的評價而不在乎這些評價的真實性，這種做法不利於正確地認識自己，是非常不可取的。

　　3. 在成功和失敗中認識自己。從成功和失敗的事件中，我們可以獲得寶貴的經驗和教訓，為了解自己的個性與能力提供準確的資訊。越是在成功的高峰和失敗的低谷，越能反映個人的真實性格。因此，想要正確地認識自己，就要在成功與失敗中不斷地去了解和發現。

　　4. 尋求專業機構的幫助。如今，許多相關的機構會提供性格、能力、職業傾向等方面的測試，他們會對測試的結果進行詳細分析，可以為個人正確地認識自我提供有效的幫助。

別讓壓力山大壓倒自己

在日常生活和工作中，不良的心理因素是導致我們失誤和犯錯最危險的敵人。心理專家常常根據人的性格差異，把人分成兩種類型：心理健康的人和有人格障礙的人。對於一個心理健康的人，往往能對任何事件做出積極的反應，而另有一些人總是與日常人們對待問題的情況相異，他們一般不能適應環境，待人接物、為人處世都給人一種怪怪的感覺，心理學上稱這種人的表現為人格障礙。

◇ 人格障礙的主要表現

所謂的人格障礙，指的是有精神症狀的人格適應缺陷。這種人對環境刺激做出不變的反應，在知覺與思維方面產生了適應功能的缺陷，或者出現對自己和社會都不公正、不恰當的行為模式。另外還有一種人格障礙指的是在沒有認知過程障礙或沒有智力障礙的情況下做出的不正常情緒反應。

比如，一個過分失去理智的人，就因為抽象思維過分豐富發展變得沒有認知能力，表現為沒有情感、呆板。因此患有這種病的人往往不能正確認知社會對於我們自身的要求，也不能掌握我們自身應採取怎樣的行動；不能對周圍環境做出恰當的反應，很難處理人際關係，很難和周圍的人相處，易發生衝突；缺乏責任感，常常怠忽職守，嚴重時還會不顧倫理道德規範而做出違紀、違法等害人害己的行為。

　　有些人錯誤地認為人格障礙就是精神病。嚴格來說，人格障礙應算是一種介於精神疾病和正常人之間的特殊階段，不能將這種病人和「精神病」等同起來，他們只是一種特殊的群體。

　　由於人格障礙者的表現非常複雜，通常我們把他們分為三類：其一是行為古怪、特別、不正常，包括固執型、分裂型人格障礙；其二是感情強烈、易激動、不穩定，包括自戀型、攻擊型、戲劇多變型、反社會型人格障礙；其三是不愛說話、易退縮，包括迴避型、依賴型人格障礙。

◇人格障礙的共同特點

　　通常患有人格障礙的人都有一些共同的特點：

　　1. 大多始於青春期。那些患有人格障礙的人，一般從兒童期就有所表現，尤其到青春期以後開始更加顯著。人的年齡越小，性格的變動越大，小時候就能診斷出是不是得了這種病。

　　2. 心理紊亂不定和與人難以相處。這個特徵是有人格障礙的人最顯著的特徵。這種人行為怪異，無論是主動或是被動，像固執型、自戀型、攻擊型，都難以與別人相處或是容易帶來災禍。

　　3. 怨天尤人，指責他人。人格障礙者往往把自己所遇到的困難歸因於命運的不公或把責任推到別人身上，從來不從自己身上找原因，他們往往抱有一種悲觀的態度，不敢去面

對生活的各種挑戰。

4. 缺乏責任感。這類人往往缺乏一種責任感，極力推脫自己應承擔的責任。他們從來不考慮別人的想法和處境，只顧自己。

5. 固執己見。一旦他們對某事有了一種觀點，就很不容易改變。他們將觀點帶到新環境，影響新環境的氣氛。

6. 他總能擾人而己不亂，就算造成的後果傷及別人，搞得別人不得安寧，其自身仍會毫不慌亂。

7. 被別人告發或受到埋怨，才對自己的行為或怪癖有所覺察。他們不會主動地尋求別人的幫助。

每個人格障礙者的行為程度也不盡相同。程度輕的，不易被人發現，他們完全過著正常人的生活，只有他的親屬或同事等關係親密的人經過長時間的相處才會發現他們的怪異，發現他們很不好相處。程度嚴重的患者，總是與社會格格不入，衝突激烈，很難適應正常生活。

經研究，人格障礙的形成有好多因素，但綜合起來就是由於壓力造成的。人格有相對的穩定性，一旦形成，要改變就得費很大工夫。然而只要加強自我調節，積極配合各種治療，個人重視，積極緩解壓力，人格障礙可以逐漸得到糾正。

人格障礙有自我評價障礙、行為方式障礙、情緒控制障礙等特點，常常表現為不能適應社會環境，不能及時準確地

對外界資訊做出反應，不能及時協調自己的行動，因而造成行為怪異、不合群。最好的治療方法是經過各種訓練，培養適應社會的能力，建立自信心，調整人與人之間的關係，積極發揮自身優點。

突破自我，人生才更有趣

人世間的痛苦與歡樂永遠是相伴相生的，失敗與成功也永遠是形影相隨的。不能忍受失敗的痛苦，也就不能迎來成功的歡樂。

多次的失敗，便有多次的痛苦，而隨著失敗次數的增加，痛苦也愈來愈嚴重，造成人們愈來愈大的心理壓力。失敗的痛苦可能會使人陷入悲觀主義的情緒之中，進而產生悲觀厭世的思想。人皆有自己的失敗和痛苦，但是不同的人對痛苦的承受力是不一樣的。

痛苦也能磨練人的意志，催人奮進，沒有哪一個真正聰明的人會否定痛苦的鍛鍊價值。人生不可能永遠是充滿快樂的宴席，必定會有失敗和痛苦的經歷。最美麗的花朵常常是從最痛苦的土壤中綻開花蕾的。失敗及其所帶來的痛苦是磨練人的意志、考驗人的能力、鍛鍊人的才幹的大好機會。痛苦能使人在失敗後獲得一種前進的巨大推動力，迫使自己去尋求超越失敗和痛苦的途徑與方法。也只有在失敗中真正突破自我的人，才能找到前進方向，活出自己的精彩。

在失敗之後，必勝心的恢復和保持是十分重要的。自信是對自我的肯定，失敗是對自我的否定，必勝心則是對自我進行否定之後才得以恢復和保持的。它是在經歷失敗的打擊後，增強了挫折容忍力的基礎上對自信的恢復。對於失敗，

樂觀的人能很快尋找到重新開始的機會，而悲觀的人則從此一蹶不振，在精神上澈底地消極下去，二者之間的不同表現具有借鑑作用。

事業取得成功的過程，實質上就是不斷戰勝失敗的過程。因為任何一項事業，要取得相當的成就，都會遇到困難，遭受挫折和失敗。例如，在工作上想實施變革，越革新矛盾越突出；學識上想有所創新，越深入難度越大；技術想有所突破，越攀登險阻越多。

遭受挫折和失敗，有的人就徘徊不前，半途而廢；有的人就唉聲嘆氣，激流而退；有的人則悲觀失望，自暴自棄。然而，錯誤和失敗並不因為人們的不快、悲嘆、驚慌和恐懼而不再光臨。相反地，害怕犯錯，害怕遭遇失敗，卻往往會犯更大的錯誤，遭受更多的失敗。所以，對待錯誤和失敗應該有科學的認知和正確的態度。

不要為失敗尋找藉口。如果你的目標不是天方夜譚，那麼，成功的機會必定會出現。但是，失敗也隨時可能出現。你要做的是想方設法反敗為勝，而不是因可能失敗而給自己一個不求上進的理由。

思維的態度決定人生的高度。一個人能否成功，就看他的態度了。成功人士與失敗人士之間的差別是：成功人士始終用最積極的思考、最樂觀的精神和最有效的經驗支配和控制自己的人生。失敗者剛好相反，懦夫把失敗當作藉口，失

敗了就會產生悲觀失望心理。他們的人生是受過去的種種失敗與疑慮所引導和支配的。

環境決定了他們的人生位置。這些人常說他們的情況無法改變，總認為現在的境況是別人造成的。說到底，如何看待人生，由我們自己決定。納粹德國某集中營的一位倖存者維克多・弗蘭克說過：「在任何特定的環境中，人們還有一種最後的自由，就是選擇自己的生活態度。」

馬爾比・巴布科克說：「最常見同時也是代價最高昂的一個錯誤，就是認為成功依賴於某種天才、某種魔力，某些我們不具備的東西。」可是，成功的要素其實掌握在我們自己手中，一個人能達到什麼樣的高度，是由他自己的態度所制約。

曾有一個英國商人、一個法國商人和一個中國商人在一起閒聊什麼是人生的幸福。

英國商人說：「幸福就是你在一次艱苦的商務談判後，皮包裡夾著一份簽訂了的合約；在一個陰沉沉的夜晚回到家，家裡已經有一套柔軟的睡衣、一雙在熊熊的壁爐旁烘熱了的拖鞋和一位滿臉笑容的妻子在等待著你。」

法國商人說：「你這也太不浪漫了。幸福其實是在一次外出旅行的路上，你遇到一個有著強烈熱帶風情的女子，和她愉快地相處了一個星期後，雙方毫無遺憾地分了手。」

中國商人並不贊同他們的觀點，堅持自己的主張說：「你

們說的都不對。幸福就是你在甜蜜的睡夢中，突然被一陣強烈的敲門聲給驚醒了。你開門一看，發現是檢察院的檢察官領著一群法警。為首的檢察官拿出一張逮捕令說：『老張，你因為在商業活動中觸犯國家法律而被捕了。』法警跟著就把亮晶晶的不鏽鋼手銬亮了出來。這時你非常鎮靜地告訴他們：『對不起，老張不是我，他住在隔壁』。」

我們怎樣對待生活，生活就怎樣對待我們；我們怎樣對待別人，別人就怎樣對待我們；我們在一項工作剛開始時的態度決定了最後有多大的成功，這比任何其他因素都重要。難怪有人說道，我們的環境 —— 心理的、感情的、精神的 —— 完全由我們的態度來創造。

雖然有了積極的思維並不能保證事事成功，但是肯定會改善一個人的日常生活，這也許並不能保證一個人凡事心想事成；可是，相反的態度則必敗無疑，擁有消極思維的人必不能成功。

一般而言，強者都具備自信氣質。自信的人能夠自然和自如地表達自己對別人的讚賞、好感和喜歡，也能夠自然和自如地接受別人對自己的讚賞、好感和喜歡。不自信的人容易嫉妒，不希望別人超過自己；而自信的人則恰恰相反，能夠大度而坦然地讚賞和接受別人。

幽默是一種自然而輕鬆的態度，也是一種敏感和智慧的表現。樂觀的人都能以一種輕鬆、幽默的態度去生活。在日

常生活言行中，他們會表現出輕鬆自如的神態。孔子說：「君子坦蕩蕩，小人長戚戚。」即做「君子」的人心地平坦寬廣，而做「小人」的則經常局促憂愁。

毫無疑問，樂觀也是孔子之「君子」的基本條件，他們在日常生活中會表現得輕鬆自如，而不是終日陷入沉重憂鬱之中。自信的人能夠以一種幽默的態度面對具體的生活，包括生活中的失意、緊張和挫折；同時，他們也能夠自然地發現生活中的幽默，能夠在自己或別人身上發現並欣賞幽默。

做人太自私，會單身一輩子

在為人處世的問題上，我們一直被灌輸「嚴以律己，寬以待人」的思想。可是，真正能夠做到的人寥寥無幾。犯錯之後，多數人會為自己找理由開脫，讓人覺得所有的錯誤不是他導致的，而是別人造成的。有些錯誤是很明顯的，但犯錯的人依然會辯解。

這些「墨菲定律」的種種表現，其根源在於，這類人不懂得設身處地理解他人，換句話說，就是不懂得換位思考。

古希伯來有一個國王叫所羅門，是一個令後世敬仰的「有道明君」，據說他是一位有某種神力的傳奇君主。關於他有一個廣為流傳的故事。

有一天，所羅門正在處理國事，有一對老夫婦闖了進來，老翁說他想要離婚。所羅門問：「為什麼？」老翁講出了若干個理由。所羅門邊聽邊點頭，最後說：「是的，你是對的，你們應該離婚。」

話音未落，老婦人強烈反對，說絕對不同意離婚。所羅門問她理由，她的「理由」比老翁還要充足。所羅門同樣邊聽邊點頭，最後說：「是的，你是對的，你們不應該離婚。」

這時，國王身邊的大臣見國王如此斷案，忍不住站出來反對說：「大王，你不應該這樣斷案，你這樣斷案是不對的。」所羅門同樣邊聽邊點頭，最後說：「不但他們是對的，你也

是對的，確實沒有如此斷案的，尤其是作為一個國王。」

這個故事啟示我們在交流中「換位思考」的重要。所謂換位思考，就是要把自己設想成別人，從他們的角度考慮問題。很多時候甚至需要暫時拋開自己的切身利益，去滿足別人的利益。其實，利益在很多時候是互相關聯的，你能考慮別人的利益，別人也會考慮你的利益。

所羅門王之所以成為西方世界智慧的象徵，不是憑空而來的。所羅門王在斷案時，不僅用心地傾聽，而且在聽的同時把自己想像成對方，所以，他是從另一個角度去思考，這就是所謂的換位思考。而換位思考是有智慧的人所共同具備的特質。

因為所謂智慧在很大程度上是源於理解力的。一個人只有具備習慣於換位思考的特質，具有正常的理解力，這樣，人家才願意與你交流與溝通。

美國的開國元勛傑佛遜有一句名言：「也許我不同意你的觀點，但我誓死捍衛你說話的權利。」

換位思考再說明白一點，其實就是「移情」，去「理解」別人的想法、感受，從對方的立場來看事情，以別人的心境來思考問題。當然這樣並不是很容易做到的。

換位思考不但需要轉換思維模式，還需要一點探求他人內心世界的好奇心。真正的換位思考必然是一個「移情」的過程，要從內心深處站到他人的立場上去，要像感受自己一樣去感受他人。

　　但不幸的是，許多人的換位思考卻缺少了「移情」這個根本要素。他們或是站在自己的位置上去「猜想」別人的想法及感受，或是站在「一般人」的立場上去想別人「應該」有什麼想法和感受，或是想當然地假設一種別人所謂的感受。

　　這樣的換位思考，其實仍局限於自己設定的小圈圈之中，絕對無法體驗他人真正的感受和思想。正如前面提到的那些犯了錯誤卻不敢承認的人一樣，他們之所以不願意承認錯誤，是因為不能真正地換位思考。

　　這就牽扯到了一個普遍的心理。人們通常認為，犯錯就應該接受懲罰，可是當這個懲罰的對象變成自己的時候，都會本能地趨利避害，找藉口辯解，避免懲罰，甚至把責任推給別人，死不承認。有些人自尊心太強，不允許自己出錯，擔心這樣會影響自己的形象。還有的人是因為自卑，害怕被人看不起，所以才不敢承認。

　　沒有人願意犯錯，但也沒有人能避免犯錯。犯錯沒什麼可怕，重要的是肯承認錯誤。美國田納西銀行前總經理特里說過一句話：「承認錯誤是一個人最大的力量泉源，因為正視錯誤的人將得到錯誤以外的東西。」

　　承認錯誤不是什麼丟臉的事，從某種意義上來說，它還是一種具有「英雄色彩」的行為。要知道，錯誤承認得越及時，越容易得到改正和補救，而且，自己主動認錯遠比別人

提出批評後再認錯更能得到他人的諒解。只要不是觸犯法律
等嚴重犯罪，一次錯誤並不會毀掉我們今後的道路，真正毀
掉一個人的，是不願意承擔責任、不願意改正錯誤的態度。

不要成為溫水裡的那隻青蛙

　　19 世紀末，美國康乃爾大學進行了一個有趣的實驗。他們將一隻青蛙扔進一個沸騰的大鍋裡，青蛙接觸到沸水，便立即觸電般地跳到鍋外，死裡逃生。實驗者又把這隻青蛙扔進一個裝滿涼水的大鍋，任其自由游動，然後用小火慢慢加熱。隨著溫度慢慢升高，青蛙並沒有跳出鍋去，而是被活活煮死。

　　前面「蛙未死於沸水而滅頂於溫水」的結局，很是耐人尋味。若是鍋中之蛙能時刻保持警覺，在水溫剛熱之時迅速躍出，也為時不晚，就不至於落得被煮死的結局。這就讓我們想起了孟子曾說過的一句話：「生於憂患，死於安樂。」

　　一個人如果喪失了憂患意識，那麼，就會像被水煮的青蛙一樣，在麻木中「死亡」。所以，無論在人生的哪個階段中，我們都要保持清醒的頭腦和敏銳的感知，對新變化做出快速的反應。

　　不要貪圖享受，安於現狀，否則當你意識到環境已經使自己不得不有所行動的時候，你也許會發現，自己早已錯過了行動的最佳時機，等待你的只是悲哀、遺憾和無法估計的損失。

　　漫漫人生路，我們都希望自己能一帆風順，不希望遇到憂患與危機。但客觀上來說，憂患與危機並不是什麼可怕的

魔鬼，當它們出現在我們面前時，往往能激發潛伏在我們生命深處的種種能力，並促使我們以非凡的意志做成平時不能做的大事。

所以，與其在平庸中渾渾噩噩地生活，不如勇敢地承受外界的壓力，過一種更有創造力的生活。

拿破崙在談到他手下的一員大將馬塞納時曾說：「平時，他的真面目是不會顯現出來的，可當他在戰場上看到遍地的傷兵和屍體時，那種潛伏在他體內的『獅性』就會在瞬間爆發，他打起仗來就會勇敢得像惡魔一樣。」

再如拿破崙本人，如果年輕時沒有經歷過窘迫而絕望的生活，也就不可能造就他多謀剛毅的性格，他也就不會成為至今為人們所景仰的英雄人物。

貧窮低微的出身、艱難困苦的生活、失望悲慘的境遇，不僅造就了拿破崙，還造就了歷史上的許多偉人。例如，林肯若出生在一個富人家的莊園裡，順理成章地接受了大學教育，他也許永遠不會成為美國總統，也永遠不會成為歷史上的偉人。

正是有了那種與困境抗爭的經歷，使他們的潛能得以完全爆發，從而發現自己的真正力量。而那些生活在安逸舒適中的人，他們往往不需要付出太多努力，也不需要個人奮鬥就能達到目的，所以，潛伏在他們身上的能量就會被遺忘、湮沒。

我們都知道，未來是不可預測的，人也不可能天天走好

運，正因為這樣，我們更要有危機意識，在心理上及實際行為上有所準備，以應付突如其來的變化。有了這種意識，或許不能讓問題消失，卻可把損害降低，為自己打開生路。

一個國家如果沒有危機意識，遲早會出問題；一個企業如果沒有危機意識，遲早會垮掉；一個人如果沒有危機意識，也肯定無法取得新的進步。那麼，我們該如何在競爭激烈的社會中提升自己的危機意識呢？下面來看看聞名於世的福特公司的一個有趣做法。

福特公司以汽車製造聞名於世，為了提升員工的憂患意識，一次，公司別出心裁地攝製了一部模擬倒閉的影片讓員工觀看。

在一個天空灰暗的日子，公司高高掛著「廠房出售」的招牌，擴音器傳來「今天是福特公司時代的終結，福特公司關閉了最後一個工廠」的通知，全體員工一個個垂頭喪氣地離開工廠。

這部影片使員工受到了巨大震撼，強烈的危機感使員工們意識到只有全心投入到生產和革新中，公司才能生存，否則，今天的模擬倒閉將成為明天無法避免的事實。

看完模擬影片，員工們都以主角的姿態，努力工作，不斷創新，使福特公司始終保持著強大的發展力。

事實上，福特公司的這種做法不僅對企業有深刻啟示，對於其他行業的個人來說同樣具有一定的借鑑作用。

在工作中，我們也應像福特公司的員工那樣，時刻提醒自己只有全心投入生產和革新中，公司才能生存，我們才有機會發展，否則，終將難逃被淘汰的事實。

當今社會的快節奏和激烈競爭，令很多人在 35 歲時遇到這樣一個困惑：為什麼多年來我一事無成？接下來的歲月我應該做些什麼？在機會面前，許多人不敢貿然決定。因為他們從心理上理解了人生的有限，而自己也開始重新衡量事業和家庭生活的價值，於是產生了職場上的危機感。這就是著名的「35 歲危機論」。

美國某公司的羅伯特先生，35 歲時感覺到過去對工作、對自己的認知似乎有錯誤，而自己長期養成的行為習慣好像變成了事業的絆腳石。他想改變自己，又不忍心否定過去；想改變生活方式，又擔心選的並不是最適合自己的。兩年前，他終於下定決心放棄了這家公司副理的職位，參加 MBA 考試並重回校園深造。

現在，完成學業的羅伯特先生在找工作時卻面臨難題。羅伯特先生業已投出上百份履歷，但有回音者寥寥無幾。羅伯特先生說，自己並不要求高起薪，只要求一個管理類的工作職位。然而他發現，社會上已經人滿為患。

羅伯特先生曾讀過一篇題目為〈35 歲，你還會換工作嗎？〉的文章，文中專家說：「社會對 35 歲以上的求職者提出了較高的要求，必須透過不斷學習和更新知識，提高自身

競爭力。」羅伯特先生很納悶，我正是為了完善自己才去學習的，為什麼反而讓社會把自己擠了出去呢？

其實，像羅伯特先生這種工作以後又重返課堂充電，充電後再找工作重新迎接社會挑戰的，已不僅僅是 35 歲的人才會面臨的境況。有人甚至感嘆：「不充電是等死，怎麼充了電變成找死啦？」

最關鍵的一點是我們要明白，人生的經歷是累積的，不要以為學習充電後就無須面臨社會「物競天擇，適者生存」的自然選擇。以前的經歷是你的寶貴財富，但這並不能讓你在職場上永操勝券。千萬不要有一勞永逸的期待，要時刻保持危機意識，告訴自己「一定要快跑，不夠優秀在什麼時候都會被淘汰」。

讓麻煩都滾開的訣竅

打羽毛球的趣味就是把接到的球再打回去，如果只接不回，那麼你就徹底輸了。有些不該接手的東西你接受了，就等於把勝利拱手讓給了別人。

在很多時候，我們都會遇到來自他人的求助，而這些求助中，必然會有一些是我們不願意去接受的麻煩事，這個時候，就需要我們有一個很好的拒絕方法了。那麼該如何去做呢？

首先，我們也要確保不要傷害求助之人的自尊。就算在我們心裡認為「這個事情我無法辦到」，也不要隨意拒絕。我們應該先了解事情的始末，有些人是在萬不得已的情況才會找到你幫忙，有些人或許只是要詢問一下你的意見，但是不好意思講明。

總之，最忌諱的是，別人還沒開口，你就急著拒絕對方。我們應該認認真真地聽取別人的述說，等了解到實際情況後，再給予相應的答覆予以拒絕。墨菲定律告訴我們，有些時候，解決問題的最好方法，是先要了解問題，如果事情不清楚就一味推辭，不僅會讓人反感，甚至招惹記恨，那麼你越害怕的事情就越會發生。

而了解事情始末，再做針對性的回答和處理，不僅能夠緩和與釋放對方的不良情緒，也能讓對方明白自己的難處。這時的拒絕，容易取得對方諒解，並且不易招致怨恨，自然也就減

少了事故產生的機率，這也是限制「墨菲定律」機率增加的一種極佳方式。通常拒絕別人的方法可以分為以下幾種：

1. 彼此進行哭訴。

對方在向你訴苦時，你也可以同時向對方訴苦，會達到一種同心的心理。這時，對方會更容易理解和接受你所說的話。

比如有人對你說，他要出差一段時間，讓你幫他照顧一下家裡的狗，而你本就不喜歡狗，自然也不想照顧，但是又不好讓對方沒面子，就可以對他說，我明天也要外出一趟，家裡的金魚都想找人餵養呢，實在是抱歉啊！這招推脫的方法，大多數人都會認同。

總之，在傾聽對方的遭遇時，你也要說出自己的遭遇。而對方此時，就會根據雙方遭遇的嚴重性來進行對比，如果你的苦處更大，他通常就會放棄向你求助，你拒絕時，他們也不會糾纏下去。但是，如果你只用簡單的幾句話就拒絕別人的請求，他就會認為你這個人小氣，不值得結交，這樣你們的關係就會出現裂痕。

2. 以誇張的方法拒絕。

用誇張的語氣來拒絕對方，這也是一個極為有效的方法。

當今世界，很多人為了讓對方答應自己的要求，就會想盡方法去巴結、討好對方。比如有人想要邀請你去代言，一

個電話就可以談妥的事情，他非要經常帶著所謂的「家鄉特產」而來，並會極盡奉承地說：「我對你很了解，很欣賞你的風格，沒想到你本人比電視更帥，更有才華，實在是難得一見的大才啊！而且你這人思想正派，觀點也符合當今潮流，真是太了不起了，我這麼說都還低估了你啊！」

其實，這番太過浮誇的語言裡，往往隱藏了極為蔑視的效果，這時，我們可以來個「以彼之道，還施彼身」，對他說：「你都這麼說了，我難道還能不去嗎？就算是天涯海角，刀山火海，我也會去。什麼？你說不用刀山火海，那你究竟要我幹什麼呢？」

而一般人聽到你這樣回答，多數都會明白你的拒絕之意，自然也就不會再打擾你了。

3. 用飄忽的說話方式拒絕對方。

讓自己的話語變得飄忽不定，讓人摸不準虛實，以達到封閉對方請求，以此代替你的拒絕的話語。

有一家製圖公司的設計總監，他在應徵一些面試者時，就有一套屬於自己的拒絕話術。通常對不滿意者，他就會說：「咦，你的圖究竟要表達什麼意思，能夠畫一張讓人一眼就能看懂的圖嗎？唉，可能是我昨天加班太晚了，現在太累了的關係吧！」

這種似是而非的回答，會讓大部分應徵者摸不著頭緒地離開。這位總監，就是用這種含糊的回覆，來拒絕對方提出

的要求。

其中那句：「能夠畫一張讓人一眼就能看懂的圖嗎？」這句話潛在的意思就是：你達不到我的要求，你還是回去想想再來吧。這便讓一些應徵者不得不思考是不是自己的問題，然後便失去了主動權和主動進攻的機會，只能選擇先撤離了。說白了，這就是一種模糊對方的概念，讓對方在悄無聲息中就被你巧拒的妙招。

4. 不要輕易說出對方的名字。

交談時，保持一定的心理距離，有利於為我們後面拒絕的話埋下伏筆，做好準備。

在一些商業聚會中，第一次碰見的人，一般都會互遞名片，然後透過名片了解對方的一些基本資訊，之後就可以用名片上的名字來稱呼對方，藉此拉近彼此距離，讓雙方溝通更加便捷。通常在這種商業聚會中，你想要拒絕一個人，千萬不要輕易接受對方的名片。

如果你糊裡糊塗地接受了對方名片，又不想和對方產生瓜葛，就不要急切地去觀看名片上的內容，這時還有拒絕對方的機會。你可以把這些名片放進自己的衣服口袋裡，然後裝作為難的表情，這就相當於向人傳遞了一種「不想交談」的意思。

同時，你還可以適當地加上一句「那邊還有人在等我，我先過去了。」、「抱歉，我朋友來了。」等語言來保持與對

方的距離，這時候，對方通常都能夠明白你的態度，而不再繼續糾纏。

5. 用明確的語言的來拒絕。

對於有一些喜歡打官腔的人，你無法用委婉的語氣拒絕，這時就需要明確自己的話語。「不可以」、「不需要」、「不必了」這種直接明了的方式，便能夠最快、最有效地幫你迴避對方的死纏爛打。

對這類人，切記少使用一些遁詞，這很容易被對方看穿，並且很可能被對方抓住你的語言漏洞，反戈一擊，那個時候，你就算想拒絕，也找不到拒絕的理由了。

所以，想要拒絕一個人時，我們就應該提前想好一套針對此人的有效話術，這樣才能夠在不得罪對方的前提下，既保持了對方的顏面，也沒有損害到自己的利益。

第五章
墨菲定律是照射人心的魔鏡

「墨菲定律」告訴我們：誰都可能犯錯，沒有人能夠例外。問題是，犯錯後你如何面對：是悲觀失望，還是跌倒後爬起來，總結教訓，繼續前進？

有句格言說得好：「失敗者任其失敗，成功者創造成功。」如果你是前者，總被類似於「不可能，做不到」、「我行嗎」等消極悲觀的信念所左右，那麼，你這一生只能一輩子陷在「墨菲定律」裡出不來。

「墨菲定律」就如一面照射人心的魔鏡，世間百態都能夠在其規則中一一顯露，它更是所有成功者必須面對和戰勝的心魔，唯有真正的強者才能夠掙脫它的襲擾，走出一條屬於自己的大道。

跌倒了不要想著就地躺平

「如果壞事有可能發生，不管這種可能性多麼小，它總會發生，並引起最大可能的損失。」這就是誕生於美國的著名的「墨菲定律」。

「與錯誤共生」是人類不得不接受的命運，幸好，它並不像我們所認為的那樣可怕。其實，在很多情況下，錯誤並不是什麼壞事，它甚至會為人們帶來有益的經驗或嘗試，「墨菲定律」一樣可以帶給我們有益的啟示。

我們一直在犯錯，做錯的時候比做對的時候要多得多。有許多人因為害怕失敗，而錯過了許多學習機會。

◇吸取教訓，改善求進

成功的經驗都是從失敗、錯誤中學習來的，只要記住教訓，便不會在同一個地方摔倒兩次。一舉成功是不可能的，每個志向遠大的人在實現自己夢想的過程中，都經歷了無數次挫折與失敗。我們需要耐心學習，吸取經驗，這樣才能一步步走向成功。不管你做何種工作，都要經歷這個過程。雖然成功能引發一連串的成功，但是失敗卻不會引起一連串的失敗。

我們經常會看到農夫利用牲畜的排泄物和枯枝敗葉來做作物的肥料，人類同樣也可以利用失敗當肥料，來滋養播種成功種子的土地。聰明的做法就是把失敗的因素當作修正方

向、再度瞄準目標的工具，僅此而已。

拿破崙‧希爾曾經介紹過幾種化失敗為動力的方法：嚴謹而客觀地分析原因，不要把責任歸罪於別人，要反省自己的過失；準確地分析失敗的過程和原因，以求改正；重新嘗試之前，想像自己圓滿成功的樣子；把打擊自己自信心的痛苦經歷都深深地埋藏起來，讓它們變成肥料，重新出發。

也許在我們成功之前，要走很多遍相同的路，每走一次，我們都會吸收更多的經驗，離成功也越近。

如果你做錯事，不要害怕批評，也不要抱怨別人，而是應該把你的精力用於奮鬥上。要和你的夥伴一起研究你的計畫，不要怕浪費時間，要團結合作才能解決問題。

如果我們發現錯誤或犯了錯，絕不要隱藏它，我們要勇於承認錯誤，並從錯誤中學習經驗。我們要有責任心，要勇於承擔錯誤。這就是「從錯誤中學習」的含義。

有句格言說：「你認為自己能成為怎樣的人，那麼你就會成為怎樣的人。」一個不善於與下屬溝通的經理，他會苦惱地發現自己根本無法激勵部屬，並因此更加堅信自己不擅長溝通。實際上這是他咎由自取。其他行業如業務、律師、醫生等若沒有健全的自尊心，也都會面臨相同的結果。他們的經驗似乎證明他們對自己的看法是正確的，因為有此「客觀」的證明，他們根本覺察不到毛病其實出在他們對自己下的定論上。

一個人無法改變自身的外界環境，但他卻可以改變自己的心態，他可以告訴自己明天會更好。如果你能夠改變自己的心態，最終的結局一定會改變。

只要還有一絲希望，就不要輕易放棄，不管困難多大，只要能繼續奮鬥下去，我們就會獲得成功。

無論多麼不幸，都不要承認失敗，絕不能讓消極的心態去擊碎你的夢想，絕不要猶豫不前，要堅定自己的腳步。不要和其他失敗的人一起消沉下去，大家要互相安慰、互相鼓勵走出陰影。

醫生曾告誡人們，精神的墮落比絕症更可怕，他們說：「毒瘤可以用手術切除，而惡劣的情緒卻不能根治。」只能靠自己堅強的意志調整心理狀態，重拾自信、健康的心理。

◇放棄只能讓人失敗

如果你自己不放棄，那麼永遠也不會有人打敗你。

曾經有一個年輕人這樣問愛迪生：「你如何看待你做了一萬次都沒有成功的實驗？」愛迪生回答說：「我並沒有失敗一萬次，只是發現一萬種行不通的方法。」後來，愛迪生終於成功了。

無論跌倒多少次，只要爬起來，繼續前行，你最終就會取得成功。「飛雅特」是「義大利杜林汽車製造廠」的縮寫，它歷經了長達 90 年的艱苦創業過程，從小到大，從國內到國際，靠的就是堅韌不拔的精神。

1970 年代初期，受西方能源危機影響最大的就是汽車行業。汽車生產商阿涅利在殘酷的現實面前，勇於創新，努力降低生產成本，研製低耗油車，最終以競爭性的價格贏得了勝利。

20 世紀後期，福特汽車準備了大量資金打算將它買入，以此作為進軍義大利市場的跳板。為了「拒狼於門外」，阿涅利適時地拋出一套全面拯救公司的計畫，這一舉動轟動了當時的歐美，也因此遭到許多懷疑和譏笑。

但阿涅利完全不在乎那些，在義大利政界及各派勢力的協助下，阿涅利戰勝了強敵，讓「帝國」的版圖再一次擴大，以堅韌不拔的創業精神成為歐美各界聞名遐邇的創業領袖。

◇毅力可以克服障礙

美國柯立芝總統曾說過一句十分富有哲理的話：「毅力是任何東西都取代不了的，一事無成的天才隨處可見，學無所用的人也比比皆是。只有毅力和決心使你百戰不殆。」

「你要再堅持一個回合就取得勝利了」，這是世界重量級拳擊冠軍詹姆斯・科比特時刻提醒自己的一句話。每個人都隱藏著巨大的潛能，不要因為一個小小的成功停止前進，更不要因一點小小的挫折而喪失鬥志，只有把所有的精力都投入到工作中，才會創造出輝煌的業績。「黎明之前是最黑暗的」，只要你努力奮鬥，發揮自己的優勢，成功終究有一天會到來。

一些懶散的人往往存在僥倖心理，他們總是為自己的平凡找各種藉口。他們好像對自己的能力非常吝嗇，在工作上從不使出全力。他們覺得盡了力而沒有取得成績是件很丟臉的事。他們也從不覺得自己是失敗者，他們常以一種非常輕鬆的語調說：「這對我來說沒有什麼兩樣。」這樣的人只不過是一些行屍走肉，永遠難以走進成功者的行列。

◇做自己的對手，戰勝自己

　　成功的道路並不是平坦的康莊大道。在奮鬥的過程中，我們不但常受到外界的壓力，有時還會有來自自身的挑戰，自身的阻擋是我們成功的最大敵人。所以要敢於面對自己，戰勝自己。

　　我們要敢於挑戰自己，讓信心戰勝心裡的恐懼。只有具備了必勝的信心，才有可能成功。

　　我們不要因為自己取得一點成績就驕傲自大，要對自己提出新的挑戰。我們應該有一種危機意識，才能讓自己永遠奮鬥。

　　我們每個人都不希望自己平庸，都想獲得一定的社會地位，都想得到別人的稱讚。那麼，當面對困難時，我們如何從人生的低潮中走出來呢？這裡為大家提供了一些簡單有效的方法。

　　1. 大哭一場。專家說，發洩對自己的身心有很大的好處。可以找一個沒人的地方，痛痛快快大哭一次，把心中的鬱悶發洩出來。

2. **參加輔導團體**。找一個善解人意的傾訴對象傾訴一下自己的不幸，心裡會好受些。

3. **閱讀**。閱讀一些健康的書籍和報刊，特別是一些能夠激勵你奮發向上的書籍，你會感到受益匪淺，讓自己得到放鬆。

4. **寫日記**。很多人都有寫日記的習慣，他們把自己的心情和見聞都寫下來，從中獲得撫慰。

5. **安排活動**。想想自己還有多少想做卻遲遲沒有做的事情，趕快制定一個詳細的計畫來完成它們，從而訓練自己勇往直前的信心。

6. **學習技能**。你可以開拓自己新的興趣，如打乒乓球，這樣可以讓你多一些生活樂趣，使現在的生活充實。

7. **獎勵自己**。在自己傷心難過的時候，把自己做的每一件事，尤其是簡單的一些日常家務，都視為自己的勞動成果，並對自己進行獎勵。

8. **運動**。運動可以舒展你的身心，鍛鍊你的身體，能讓你忘記煩惱，真實地感受到你自己的存在。

9. **莫再沉溺**。可以用幫助他人來轉移自己的注意力，例如做義工或參加公益活動等都是不錯的選擇。

◇ **立於不敗之地的祕訣**

要戰勝失敗，首先需要勇氣，有了勇氣才會有堅定不移的信心。

當我們遭受恐懼或失敗時，我們不要畏懼，更不要逃

避，要有勇氣和信心去擊敗它。只要你進行了嘗試，你就一定能有所收穫，否則，你就不會看清事物的本質。倘若你嘗試了，也經歷了痛苦，這種親身體驗將會為你將來的發展打好基礎。

　　本田先生是一位性格剛強、不懼怕困難、敢於挑戰自我的男子漢，他創立了本田公司，取得了傲人的成績。從 1955 年到 1965 年，在 10 年的時間內，日本制定了有關日本汽車工業發展的策略，他覺得這一政策帶來挑戰，他的性格不允許他產生畏懼，更不可能妥協。他靜下心來，認真地分析了本田汽車在生產技術上的特點進而尋找出發展的途徑，他下定決心，毅然進軍四輪車領域。本田公司正是由於這樣英明的決策才發展成今天的規模。

　　本田之所以取得今天這樣輝煌的戰績，是因為當本田遇到困難時，不是知難而退，而是迎難而上。倘若他當時恐懼退縮，那麼現在就不會有這樣一個著名的企業。

　　困難就好比彈簧，你弱它就強，你強它就弱。在挫折面前，你越是膽小退縮，越是無法解決問題，結果只會是一敗到底。

　　哈利和喬治一同進入美國的一家大公司，哈利因為膽怯只能做一個普通職員，而喬治現今已升任該公司的董事。哈利生性懦弱，而喬治卻敢於冒險，勇於承擔責任，所以一路高升。哈利其實也有多次晉升的機會，然而他都退縮了。由

於他的懦弱，連他的兩個兒子都瞧不起他。哈利只能羨慕他的同事升職，而他只有平凡地過一生，這就是他缺乏勇氣面對生活，不敢挑戰自己的結果。其實有數以百萬計的人都像哈利一樣，把自己囚禁在內心的牢籠中。

勇氣既然這麼重要，那麼如何讓自己具備勇往直前的勇氣呢？下面有幾點建議可以讓大家參考：

1. 要有渴望成功的願望。大多數成功者都是不滿於現狀、不斷進取的人。

2. 走出自我小天地。在現實生活中，有很多人喜歡待在自己的範圍內，他們不喜歡公眾活動，不擅長與人溝通，時間久了，他們的性格孤僻、膽小怕事。只要打破那個小世界，加強與外界的連繫和溝通，他們便會發現外面的世界原來是那樣的燦爛繽紛、趣味無窮，他們也必然會找到自己的勇氣。

3. 借鑑別人的創造個性。我們需要的是勇氣而不是魯莽，只有虛心汲取別人的經驗，利用別人的經驗來激發出我們自己的勇氣，才能創造出美好的生活。借鑑過程是一個不斷學習的過程，一個不斷豐富和完善自己的過程。

4. 經常實踐。空有一肚子理論而不去實踐，同樣會覺得心虛，因為畢竟沒有經過實踐，就不清楚自己的理論是否正確，就不知道自己到底有多大能耐，所以實踐越少，心裡越沒底，碰到重大事情就會顧慮重重，失去了前進的勇氣。

你也許已經按照前面的方法做了，但你卻仍然遇到了一些問題，挫敗感仍然存在。如此，你可能會問：難道耶穌說錯了？耶穌說：「你們若有信心，像一粒芥菜種，就是對這座山說：『你從這邊挪到那邊』，它也必挪去。並且你們沒有一件不能做的事了。」

　　信心是一種最強大的、最富有生命力的內在力量，它可以幫助我們度過最艱難的時光，直到黎明的太陽從東方升起。信心向來不會讓人們失望，我們之所以失敗了，是由於我們失去了信心。

　　培養信心的五個階段是播種、發芽、栽培、結果、收穫。播種信心的種子只是第一步，還必須適時的進行澆水、施肥，種子才能發芽、生根，禾苗才能茁壯，進一步才有可能結出成熟的果實，而且還要及時收穫。

　　另外，不要在自己心裡製造失敗。失敗只是通往成功道路上的一道風景，是一個短短的過程，而成功才是我們的目的地。在某一個時期，或許可能算是真正的失敗，可是走過後，前面又是無限的風光。因此從全面的觀點來看，萬事萬物都在不斷地「更新」著。

敗中求勝才是大高手

　　在人生的道路上，每一個人都要經歷艱難困苦的階段。如果我們把失敗者和成功者，甚至和一個平凡的人比較，就會發現，他們在各方面都差不多相同，唯一不同的是當他們遭遇失敗的時候，各自的反應不同：當失敗的人跌倒時，他只會躺在那哭個沒完；普通人可能先跪在地上，尋找機會起來，避免再次受到打擊；然而成功者的反應跟他們都不一樣，他跌倒時會立即爬起來，同時會記住這個教訓並一直向前衝。

◇成功是一連串的衝刺

　　如果你看一看美國名人榜上那些成功者的奮鬥經歷，你就會發現，那些名聲顯赫的人同樣經歷過無數的失敗，只不過他們都有堅強的忍耐力才取得成功的。

　　拿破崙・希爾認為，可以從一個學生對於成績不及格的態度推測出他將來的成就。拿破崙・希爾在大學授課期間，曾把一個快畢業的學生成績打了不及格，這等於讓那個學生拿不到學位。

　　這個學生當時非常惱火，他面前只有兩條路，第一是重修，第二是不要學位，一走了之。顯而易見的，很少有畢業生因一科不及格而拖到下學年，這是令人難以接受的。那個學生來找拿破崙・希爾說：「教授能否通融一下？我以前的學習成績非常好的。」

拿破崙‧希爾告訴他這並不是一次成績考核的結果，而且學籍法規定不允許教授擅自改學生的成績。

當他知道無法改變事實時，非常生氣。「教授，」他的語調非常激奮，「我可以隨便舉出 50 個沒有修過這門課程但是依舊很成功的人，這科有什麼了不起？為什麼因為這一科就讓我拿不到學位？」

拿破崙‧希爾沒有生氣：「你說得沒錯，也許有很多成功的人沒修過這門課，甚至連學都沒學過，也許你將來也不會用這些知識，但是你對這件事的態度會影響你將來的生活。我想給你一個建議，我知道你聽了之後也許會非常失望。請你用平和的心態去思考這件事，如果你不培養自己積極的心態，你以後肯定經受不住任何失敗，也許，五年後你就會明白這件事對你的好處。」

那個學生又重修了一遍這門課程。過了不久，他來向拿破崙‧希爾致謝了。他說：「我很感謝你讓我重修一遍課程，我從中學到了很多東西。」

人人都可以重新來過，只要從挫折中吸取經驗教訓，好好利用，就可轉敗為勝。

拿破崙‧希爾曾經告訴人們說：「千萬不要把失敗的責任推給你的命運。要仔細找出失敗的原因。如果你失敗了，那就繼續努力學習吧！不要總是抱怨命運對你不公平。存在這樣的心態，你永遠也無法取得成功。」

◇毅力要與行動相結合

美國有一位集顧問、作家、評論家於一身的人，有一次被邀請談一談「怎樣才能成為名作家」時說：「有一些剛開始寫作的人，在寫了一段時間後發現他們所寫的東西涉及的範圍很廣，就打了退堂鼓。我不太贊同這樣做，他們不是在寫作，而是在尋找寫作最簡單的方法。」

有許多雄心壯志的人在一番努力奮鬥後，仍然無法達到自己的目標，其原因是他們只知道按自己的想法做事，在行不通後，仍不知道變通。我們在做事時不能太死板，不能一條路走到底。如果感覺有些方法行不通時，不妨換一下別的方法。一旦和你的毅力結合在一起，那麼你很快就會成功。

在美國，每年有幾千家新公司成立，可是五年以後，只有一小部分仍然在經營，那些公司倒閉的人總說：「競爭實在太激烈了。」但是真正的原因在於當他們遇到困難時，他們只想到失敗，因此結果只能是失敗。所以不要輕言放棄，不要被困難嚇倒，一定會有別的方法解決的。

還有一些失敗者，可能是由於鑽牛角尖，不肯停下來尋求別的方法。

艾森豪總統在一次記者招待會上被人問道：「你週末渡假的時間為什麼那麼長？」總統的回答很耐人尋味：「我不相信整天坐在辦公桌前埋頭批閱公文就算負責。每一個機構

的領導人都應避免被瑣事干擾，應該把有限的精力用在重大事件的決策上。」

當你遇到障礙時，不要馬上放棄，換一下環境，當你再回來面對原來的難題時，你會驚奇地發現：心中已經有答案了。

當遭遇困難和失敗時，保持樂觀開朗的心態也是非常重要的。我們在某些時候見到一些並非我們想見的畫面時，請時刻往「好」的一面想，你就能有效地克服失敗的打擊。倘若真能培養出細緻入微的眼光，就會看到所有事物都在向好的方向發展。

有時候，把失敗轉化為成功，往往只需一個想法，然後把它付諸行動。1939 年，因商業不景氣，已經很少有人在芝加哥北密西根大道旁租辦公室了，如果哪幢大樓有一半租戶已經很不錯了。

就在這種陰暗的氣氛下，一位樂觀的經理進入了這個地區，當他剛來到這個地方時，整座大樓只出租了 10%，然而短短的一年時間裡，他所管理的大樓都租出去了，而且還有許多待租人名單擺在他的面前。

是什麼原因使這麼多人租他的辦公室呢？原因在於新經理不把這件工作視為困難，而是作為一種工作上的挑戰。

他這樣介紹自己的工作：「當我來這工作時，我就清楚自己的目標是什麼，就是把這些大樓都租出去。這是很困難的，所以我必須加倍努力：選擇理想的房客；為房客提供全

市最優雅的辦公環境，激發大樓的吸引力；租金不高於他們現在所租辦公室的租金；免費為房客裝飾房間，以適應每個新房客的愛好；如果房客按為期一年的租約付給我們同樣的租金，我就對他現在租的房間負責。而且我透過推理得到以下幾點：

第一，我們要從出租辦公室中獲得效益，但是如果幾年內這些辦公室還未出租，我們應該努力扭轉狀況。為此，我們要盡量滿足房客的需要，讓他們在未來的年份中準時如數交付房租。第二，我們租的辦公室都是以一年為一個租期，這樣，辦公室不會空太長時間就可以租給下一個客戶，租金也不會有中斷的情況。第三，免費裝飾房間也不會有任何損失，它會增加整棟大樓的價值。

不到一年的時間，大樓都租出去了，且租滿後沒有一個房客離開。第一年期滿後，我們也沒有提高租金，這樣我們便得到了更多房客的信任和友情。」

這座大樓的出租情況之所以比其他大樓好，完全是由於這位經理具有良好的心態和樂觀向上的精神。

假如一個人能抓住問題的實質並積極地想辦法解決，那麼他就是一位主動意識較強的人。倘若一個人能產生一種切實有效的想法，並緊接著把想法變成現實，他就能把失敗變為成功。

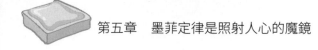

　　我們在做每件事的時候，不要去想整個任務如何完成。要制定一個細緻的計畫逐步完成事情的每一部分，最後完成整個目標。

　　每個人在遭受新的事情或狀況時，總是喜歡去設想壞的結果，這等於在士氣中就已經失敗了。史丹佛大學的一項研究顯示，頭腦裡的想像會按事情進行的實際情況刺激人的神經系統：即當一個高爾夫運動員提醒自己不要把球擊入水中時，他的腦中將出現球掉進水中的影像。這實際上就是墨菲定律的表現。試想，以這種心理狀態打球，又怎麼會擊中呢？

　　我們經常會聽到或看到一些以弱勝強的例子，比如體育方面力量懸殊的兩個隊伍，弱隊戰勝強隊，商場上實力弱的公司打倒實力強的公司。除了諸多客觀因素外，充滿必勝的信心是取得勝利的基礎。

　　遇到挫折時，如果只是耐心等待機會來臨，你將永遠不可能扭轉失敗的局勢。在人才輩出的現今，如果你被解僱或者你炒了老闆魷魚，不主動尋找下一個工作的機會，是沒有人會主動聘用你的，你只能錯過更多的機會。

　　如果你真的想解決問題，就必須主動行動，不要等待別人的幫助，要相信自己有能力解決。倘若你總是期待別人的幫助，你最後得到的只是更大的失望，更糟的是你可能走向極端，開始憤世嫉俗，最終一事所成。

　　有時你可能處在一個消極的環境中，到處都是消極的話

語，這時你想建立自信心是很難的，那麼我們就應該有選擇性地讓自己聽一些積極的語言，而且要始終堅信只要透過努力就會成功的道理。

一般人都知道吃一塹長一智，而有遠見的人則懂得用別人的「塹」來長自己的「智」。當我們遇見問題時應該冷靜地思考，想想以前是否有人遇到類似的情況，又是怎樣解決的。只有找到問題的關鍵，才能有效地解決問題。俗話說得好，「打蛇打七寸」，「七寸」就是蛇的重要部位。我們發現問題時，也要抓住問題的「七寸」，才能更有效地解決問題。

當你下決心解決問題的時候，你的內心充滿了熱情，你已經擁有了行動的力量，這時你會想：「該如何行動呢？」正確的回答是：「就像你想抓兔子那樣地行動。」這句話的意思是假如你想抓兔子，就不要只待在家裡，而是到兔子經常出沒的地方，使出你抓兔子的本領。處理其他問題也一樣，比方說，你被公司開除了，需要找一份新的工作，那就必須到能提供工作機會的公司去應徵，或者刊登廣告，讓你想去的公司知道你正是他們需要的人才，只有這樣才可能有機會成功。

◇努力獲得別人的幫助

每個人都需要他人的幫助，尤其是當一個人遇到挫折的時候，往往更需要朋友或同事的幫助，所以不要不好意思開口求助別人。不尋求幫助只能使你錯失成功的機會，也會讓你失掉與別人結交朋友的機會。

我們應該勇於提出自己的問題，虛心接受別人的建議，你將會發現，有那麼多的人喜歡幫助你，你的問題也會迎刃而解。

　　有時候失敗並不是因為我們缺乏必要的因素，而是由於我們沒有投入太多的精力。遇到熟人多說一句求助的話，只要我們擁有足夠的誠意，就可能得到意想不到的驚喜。

　　保持積極的心態並運用上面列舉的原則，你就能有效地處理突發的狀況。但最關鍵的是你必須積極控制自己的思維和言行，不然這些原則將發揮不了任何作用。

想要躺贏，不贏怎麼躺

　　所謂的壓力是身體的一種反應，是身體對一切加之於其上的需求所做出的沒有固定形式的一種反應。換句話說，無論是心理的因素，還是生理因素，只要給身體一種負荷，這些都是壓力的源頭，我們把它稱之為壓力源。實際上，在生活中你會遇到各式各樣的壓力。

　　一項民意調查顯示，生活中帶來壓力的事件均來自事業和感情兩大主要方面，諸如貧困、失業、失戀、疾病、婚喪嫁娶等，而特別顯著的是事業上的壓力。青年人作為社會的主要力量主宰著社會，他們為社會創造了巨大的財富，同樣也就面臨著更多的壓力。

◇壓力的種類

　　目前社會的壓力主要表現在以下幾個方面；

　　1. **就業的壓力**。在這個競爭日益激烈的社會中，壓力自然是巨大的。

　　2. **抵制各種時尚、潮流的誘惑造成的壓力**。當今社會充滿著種種的誘惑，像金融熱、出國熱等誘惑吸引著大多數年輕人，然而，並不是每個人都能如願以償，這就造成壓力。

　　3. **現實與理想的差距**。現實與理想是存在一定的差距的，每個人都有各自的理想，但並不是所有人都能如願以償實現自己的理想，這為他們帶來一種無形的壓力。

4. **情感的壓力**。感情、婚姻的不順造成的壓力，比如離異喪偶、夫妻心理距離加大的壓力。

5. **望子成龍的急切心理帶來的壓力**。所有的父母都希望他們的子女能夠成為天才，然而天才畢竟是少數，這種急切的心理也會造成壓力。

6. **身心失調造成的壓力**。人到中年，由於身體機能日漸衰退而造成心理上的壓力。

◇**壓力的發展過程**

加拿大心理學家塞利教授在他的「一般適應症候群」理論中，把壓力的發展過程分為三個階段：

1. **初始警覺反應階段**。由交感神經系統與副交感神經系統的共同作用而產生。它首先由交感神經刺激腎上腺素，同時由下視丘啟動腦下垂體，從而生產出一種激素。腎上腺便會利用這種激素，調整身體做出適當的防禦措施。

假如這種激素威脅到局部範圍，那麼這一部分就會自我封閉起來，以形成一種保護作用，防止侵犯者入侵。倘若威脅不僅限於局部，如心理方面的疾病或者是環境汙染方面的，一般適應症候群會利用整個身體做出最大的生理反應來進行抵抗，進入抗拒階段。

2. **抗拒階段**。有一些人有很強的排除不良情緒壓力的能力。還有另一部分人是「軀體化者」，他們拒絕體驗壓力帶來的影響，只將壓力局限於體內某一地方，這樣就會使人頭

痛、腰酸背痛、消化不良，更嚴重的將導致內心的疾病。還有一部分人屬於「心理演化者」，他們通常不在行動上表現出來，而以憂愁、消沉、焦躁不安感、緊張情緒表現出對於壓力的抵抗。

3. 衰竭階段。由前兩階段導致身體資源遭受重大損傷而得不到充分的休息，導致身體衰竭。如果你感覺自己很疲倦，你就必須馬上休息，這樣才能使你的身體得到很好的恢復。不然，壓力往往會使人產生人格障礙，慢慢地損壞身體，破壞你的心情，使人們身心崩潰。

每個人對壓力都有著不同的看法。一些人認為它有好處，還有一些人覺得它有害處。那些覺得它有害處的人往往對於很大的壓力不堪重負，覺得強大的壓力根本不能夠忍受。時間長了，就會形成一種畸形的心理而導致人格障礙，漸漸深入人的內心，引起人們情緒上很大的波動，造成無法挽回的損失。

與此同時，身心疾病時常也與壓力密切相關。現實生活中，身心疾病十分多樣，每一種疾病都由一種情緒所導致，而影響人們的情緒多少是由於某種外界壓力所造成的，即外界形成的壓力導致心理疾病。由此可見，壓力太大影響著人們的身心健康。

◇如何正確化解壓力

在日常生活中，我們要學會化解壓力，這是一門很有價值的學問。一項研究證明，在心理社會因素的關係效應中，外來壓力一般不會導致疾病，而那些外來壓力的變化是引起人們各種疾病的根本原因。人們對外界壓力的處理方式不同，將產生不同的影響。

對外界的正確評價和處理方式可以弱化外界不良刺激，從而減輕對個體的傷害程度；反之，不正確的評價和處理方式則會增加不良刺激，加強對個體的傷害。如果想減輕外界環境壓力對個體造成的壞影響，減少身心疾病，就需要好好研究一下這門學問。

現代心理學中，對壓力管理有如下幾點要求：

1. 對壓力應採取正確的評價態度。

首先要對壓力有一個了解，以積極樂觀的態度去處理它。我們很容易看到，好多成功人士在開創事業時，都受到身體、財力等方面壓力的困擾。

一個人在生活中總會遇到各式各樣的壓力或打擊，因此要正確對待壓力，正確評估它對我們的身心健康造成的影響，減少或避免多餘壓力對我們身心造成的傷害。假使一位員工與自己的老闆爭吵時，你可以考慮一下，繼續吵下去的結果肯定是被炒魷魚，你可以權衡一下被炒魷魚造成的心靈壓力大呢？還是忍讓一下心理壓力大？這樣透過權衡，你就

可以找出理智的解決辦法了，你何不試一下呢？

2. 對壓力應採取積極的應對方式。

在心理學中指出了兩種有效地緩解壓力的方法：

一是身體方面的途徑，強調運動。堅持不懈地運動，特別是做「有氧運動」，比如游泳、跳繩、騎腳踏車、慢跑、快步行走與爬山等，都能夠讓血液循環系統運作更有效，同時能夠強化我們的心臟和肺功能，直接增強腎上腺素分泌，使整個身體免疫系統強大起來，從而增強我們的體質，能夠更自信地應對生活中隨時可能出現的各種壓力。

那些成功人士往往都酷愛運動。實際上，多參加一些體育運動，可以使肌肉放鬆，使全身得到放鬆，同時我們的大腦有一個適當的休息的機會。

二是心理方面的途徑。根據每個人的情況不同，心理學家會給出不同的治療方案，這同樣是每個人學習應對壓力的最好辦法。心理學家常用的方法有深呼吸、肌肉放鬆法或靜坐法。

透過上面的分析可以得知，壓力管理就是一種用積極的心態來處理外來刺激的方法，它包括對壓力的評價、了解，從而能夠達到緩解壓力和避免壓力的目的。

3. 保護自己的身心健康。健全的心靈寓於健康的身體。身體強健才會身心健康，身心健康是實現成功的基礎和泉源。

要想成功，想成名或成為一位領導者，首先一定要注意保持身體健康。倘若你是一位團體負責人，不能因為自己身體狀況不好而影響做出的決定。

　　你的健康狀況好壞會直接影響你的心情，從而也會左右你的決策能力。假如達到一個目標需要較多的體力與耐力，而你的身體狀況不佳，那麼，你也許就不得不因此而放棄這個目標，就算這種影響只是在潛意識裡，但終究會讓你有決定欠缺謹慎的遺憾。

　　為了有一個健全的心靈、健全的心理，為了事業上有所成就，讓我們保持身體健康吧！

沒有好習慣，怎麼有好未來

習慣的力量是強大的，它能夠左右人的生命，改變人的人生。它能夠使成功者走向失敗，也能夠使失敗者走向成功。

◇固定思維的束縛

科學家們做過這樣一個實驗：將五隻猴子放在一個籠子裡，並在籠子中間吊上一串香蕉，只要有猴子伸手去拿香蕉，他們就用高壓水柱教訓所有的猴子，直到沒有一隻猴子再敢動手。

然後，他們用一隻新猴子替換出籠子裡的一隻猴子，新來的猴子不知道這裡的「規矩」，竟伸出手去拿香蕉，結果觸怒了原來籠子裡的四隻猴子，於是它們代替人執行懲罰任務，把新來的猴子毒打一頓，直到它服從這裡的「規矩」為止。

試驗人員如此不斷地將最初經歷過高壓水柱懲戒的猴子換出來，最後籠子裡的猴子全是新的，但沒有一隻猴子再敢去碰香蕉。

起初，猴子怕受到「株連」，不允許其他猴子去碰香蕉，這是合理的。但是後來人和高壓水柱都不再介入，而新來的猴子卻固守著「不許拿香蕉的制度」，這就是「路徑依賴」的自我強化效應。

「路徑依賴」對「自我強化機制」的演變過程進行了深入研究，指出新技術的採用大多數是具有報酬遞增性質的。

　　研究的結論是這樣的：首先發展的技術可以憑藉其領先優勢，實現規模經濟，降低單位成本，誘使同行採用相同的技術，從而產生協力效應。這樣一來，技術在行業中的流行會促使人們相信它會進一步流行，這樣就實現了「自我強化」機制的良性循環，從而戰勝競爭對手。

　　如果新技術由於某種原因進入市場太晚，就不會獲得足夠的追隨者，沒有足夠的追隨者，就不能收回技術開發的成本，收入不能如期回收，就不能進一步開發新技術。因此就會陷入惡性循環，進入「鎖定」的宿命。

　　道格拉斯‧諾斯將技術演變中的「自我強化」機制引進到「制度變遷」理論中來，他認為制度變遷中同樣存在著自我強化的機制。

　　例如一次偶然的機會導致一種解決方法，而一旦這種方法流行起來，就會導致這種方法進入到一定的軌跡。

　　在自我強化機制作用下，報酬遞增普遍發生，無論是商業、政治制度變遷都會沿著初始選擇的路徑，進入環環相扣、互為因果、互相促進的良性循環中。「不斷完善」就是制度變遷的正確路徑。

　　而如果選擇了錯誤的路徑，就可能下滑到毫無效率的深淵而不能自拔，從而進入另一條路徑，即「鎖定狀態」。

◇習慣下的習慣

習慣透過一而再地重複循環，起初由細線變成粗線，再由粗線變成繩索；再經過「強化重複」的動作，繩索慢慢變成鐵鏈，最後定型成了不可遷移的習慣與個性。

每個人時時刻刻都在無意識中培養習慣，這是人的天性。

在潛移默化及週遭環境的影響下，我們都會臣服於習慣。

一開始我們造就習慣，最後，習慣造就我們。

例如，懶散的習慣，回家看電視連續劇的習慣，說大話的習慣，說謊話的習慣，亂花錢的習慣，抽菸的習慣，喝酒的習慣，打牌的習慣以及各式各樣的習慣。

而這些不良的習慣占用我們的時間越多，留給我們自己的可利用時間就會越少。

這些不良的習慣會束縛我們，控制我們大量寶貴的時間，當然就會影響我們的成就。

所謂「撼山易，撼習慣難」，不良習慣就像寄生蟲一樣寄生在我們的身上，它們慢慢吞噬著我們的精力、時間與生命。

很多人喜歡說「我太忙了」、「我真的沒時間」、「我真的太累了」等等，其實這正是不良習慣慢慢造成的惡果。

有些人被習慣束縛，成為習慣的奴隸。

不良、無聊的習慣會像生長在我們大腦裡的腫瘤，阻止我們思考與創新。

如果任何事情都具有習慣性，漸漸地我們就會失去探索新知和尋求更好解決方法的欲望；沒有了欲望，人就會失去鬥志，進而會意志消沉。這時習慣就成了惰性的代名詞。所以，習慣對一個人的成就影響很大。

美國著名的管理學權威彼得‧杜拉克發明了「90/10」法則，這個原理被稱為彼得原理。管理者只要了解這個「90/10」法則，並把它當成一個習慣去運用，不用讀MBA也能把管理的工作做得很稱職。

它的意思是指一個公司的成功，90%是依靠銷售，只有10%是透過產品本身的力量；而購買者卻往往把90%的注意力放在了產品本身。

懂得了「90/10」法則，我們在日常生活中更要好好運用。

你控制不了所發生的10%，但你完全可以透過你的反應決定所剩餘的90%。在日常生活中培養這樣面對事情的習慣，將有助於你一生。

如果有人說了你一些負面的話，你千萬別像海綿那樣全部吸收，而要讓那些話像玻璃上的水珠那樣自行滾落。「90/10」法則讓你保持樂觀的情緒。

樂觀的人，從挫折中看到成功的契機。

悲觀的人，從挫折中看到失敗的來臨。

如果開車時有人擋住了你的路，你與其大發脾氣，拍打方向盤咒罵他，甚至想去撞他，還不如使用「90/10」法則保持冷靜，不做出過火的行為。

養成運用「90/10」原則的好習慣，你的生活將因此春光明媚。

國際刑事鑑識專家李昌鈺就有善用時間的好習慣。

李昌鈺常說：「一個人一天只有 24 小時，不可能更多。成功的關鍵，就在於怎麼善用這 24 小時。」為了爭取更多時間，做更多的事，李昌鈺常常每天少睡兩個小時，吃、喝只用一個半小時，一年就節省上千個小時。將節省下來的時間拿來工作，一年就能比別人多做很多的工作。

正是這善用時間的好習慣，讓在起跑點上沒有好家世、沒有背景的李昌鈺終於有了輝煌的成就。

李昌鈺的成功之道其實很簡單，就是讀小學時老師的叮嚀，「今日事，今日畢。」他說：「我每天不管工作到多晚，一定要把該做的事情做完。」因為要做、想做的事太多，李昌鈺平均一天只睡 3 ～ 5 個小時。即使退休後，他一天仍工作 16 小時。在他的字典裡，根本沒有「延遲」這個詞，一天當作兩天用都來不及了，今天的事怎麼可能留到明天呢？

李昌鈺出生在江蘇省，6 歲喪父，因戰亂去了臺灣。18歲時，他考進中央警官學校，並以第一名的成績畢業。1964

年，26 歲的李昌鈺帶著僅有的 50 美元，帶著妻子來到了紐約，靠著到武術館、餐廳、圖書館打工來維持生活。1975年，他取得生物化學博士學位，並在後來擔任兩屆康乃狄克州警政廳長。

　　一般人一輩子可能只有一段工作經歷，但是永遠跟時間賽跑的李昌鈺卻說，他有五段，分別是：警察、刑事偵查、科學、教育、著書立作。不管是哪個階段，哪個角色，他都督促自己做到國際級水準。如果不是擁有這麼善用時間的好習慣，「李昌鈺」這個名字，怎麼會享有國際盛名？

　　每個人都有自己的行為習慣，但有些行為習慣會成為自己人生和事業的障礙，變成成功路上的絆腳石。

　　如果你希望你的人生和事業與過去澈底告別，從此掀開嶄新一頁；如果你希望你的成功致富之路從此順風順水，走向康莊大道，那麼請你從今天開始，為自己下個決定，為自己的美好未來重新審視一下自己的習慣，分清哪些是好習慣，哪些是不好的習慣，針對不同的習慣又如何面對。自覺是治療的開始，自省是成功的起點，重新審視自我是涅槃重生的開始。

　　全球暢銷書《心靈雞湯》的作者傑克‧坎菲爾曾經說過：「如果你希望出類拔萃，也希望生活方式與眾不同，那麼，你必須明白一點：是你的習慣決定著你的未來。」

　　我們知道，所有的成功人士和富豪都有一個共通點，那

就是擁有良好的習慣。這些良好的習慣是一種正面能量，這些具有正面能量的習慣能夠幫助他們開發與生俱來的潛能。

成功人士並不比普通人有更多天賦，比普通人有更多智慧，很多時候他們所處的環境和所具備的條件也沒有比普通人好很多，但他們卻取得了成功，這是為什麼？或許，成功人士之所以能成功，與他們的努力和勤奮以及善於抓住機遇有關之外，更重要的原因是他們具備了成功人士應該具備的良好習慣，這些良好習慣使他們具有陽光心態和積極思維，願意學習，願意改變……這些良好習慣和特質會讓他們更成功。

要使事情變得更好，首先要使自己變得更好。一個人的財富和他的能力成正比，與他的習慣良好程度成正比。擁有好的習慣，就容易獲得更多的財富。所以，要讓自己努力擁有好的習慣。

直覺是我們的指路明燈

　　直覺，指直觀感覺，沒有經過分析推理的觀點。它是基於人類的職業、閱歷、知識和本能存在的一種思維形式。直覺具有迅捷性、直接性、本能意識等特徵。

　　直覺類似大自然中的空氣，當你想捉到它的時候它會消失得無影無蹤；當你不在意的時候，它會像神來之筆給予你意想不到的意外和驚喜。簡言之，直覺就是一種人類的本能知覺之一。

　　人的直覺常常很準。有些科學家的創造發明來自直覺。例如，牛頓發展微積分，曾經得力於他的幾何與運動的直覺想像；門得列夫發明元素週期表更是透過夢的形式，直接把元素週期表顯現在夢中等等。可以想像，他們的直覺有多麼厲害。

　　但是，我們可以相信直覺，卻千萬不能迷信直覺，因為有人常常會把錯覺當成直覺。錯覺是知覺的一種特殊形式，它是人在特定的條件下對客觀事物的扭曲知覺，也就是把實際存在的事物扭曲地感知為與實際事物完全不相符的事物。

　　錯覺是對客觀事物的一種不正確的、歪曲的知覺。錯覺可以發生在視覺方面，也可以發生在其他知覺方面。如當你掂量一公斤棉花和一公斤鐵塊時，你會感到鐵塊重，這是形重錯覺。當你坐在正在開著的火車上，看車窗外的樹木時，

會以為樹木在移動，這是運動錯覺等。

雖然人知道有些事情是偶然事件（例如中樂透），是講究機率的，不過他們仍然會錯誤地以為可以由自己控制。這種錯覺即是不符合本身特徵的錯誤的感知，它並非是幻覺，也不同於想像，而是根據客觀存在的物理而形成。心理學家把這種現象稱為「控制錯覺」。

所謂「控制錯覺」，是指人類高估自己的非邏輯和非統計直覺，僅僅是在直覺的引導下做出一些非理性的判斷。這是人類的本能，在漫長的進化過程中，人類次次面臨窮途末路時，必須要相信自己的直覺，而不是把命運交給未知。

可以說，控制錯覺所帶來的自信，正是人類步步走上進化鏈的頂端的動力之一。但很多時候，也正是這種本能，讓我們常常會「自信地犯錯」。

為了形象闡釋「控制錯覺」的負面效應，心理學家做過這樣一個實驗：

他們在一家公司出售一批樂透，大獎是五百萬美元，每張樂透的售價則都是一美元。這其中，一半樂透是買主自己挑選的，另一半樂透則是由賣票人挑選的。到了開獎的那天，心理學家找到那些買了樂透的人，告訴他們有其他人想買這期樂透，希望他們能轉讓，同時詢問他們能接受的轉讓價格。

結果，那些自己選樂透的人，他們開出的平均轉讓價格

是 8.16 美元，高於售價的 8 倍，而那些沒有親自挑選樂透的人，他們的平均轉讓價格是 1.96 美元。這其中的原因就在於，自己選樂透的人對於中獎的信心更強烈，因此對樂透的估價也就更高。

但從客觀上來講，偶然性的事件發生與否僅與機率相關，無論是自己選的還是別人選的，中獎機率都是恆定的。可是，在實際操作中，大家往往認為，自己精心挑選的樂透中獎的可能性會更大一些，因為從一開始，他們手裡的樂透就是自己透過直覺選擇出來的。

而且，樂透作為一種純機率遊戲，選哪個號碼不選哪個號碼，除了直覺之外，沒有任何依據。因此，在「相信自己的直覺」和「把命運交給機率」之間，那些自己選擇樂透的人，幾乎都傾向於選擇前者。

這個世界充滿了未知，像「運氣」這種近似神祕主義的存在，更是讓很多事情不可控。但是，人類在認知世界的過程中，會習慣性地將物質世界劃分成有次序、有組織、可預測、可控制的世界。而「直覺」就是人類對抗世界未知性的重要武器。

在美國西部地區的鄉下住著一個農夫，他的家緊挨著一個大池塘，每天晚上，池塘裡的蛙鳴聲都擾得農夫難以入眠。

終於有一天，他被吵得忍無可忍了。農夫來到城裡的一

家餐廳，向老闆打聽是否需要青蛙，並說他那兒有數萬隻。餐廳老闆聽後嚇了一跳，他告訴農夫：「你知道數萬隻青蛙是什麼概念嗎？我敢打賭，即使是一千隻青蛙你都不會有。」

但是農夫信誓旦旦地保證，他「親眼看到」自家後院的池塘裡密密麻麻全是青蛙。「至少都有一萬隻！」農夫反覆保證，他可以確信這一點。於是，農夫和餐廳簽訂了一項協議，在接下來的幾個星期裡向餐廳供應青蛙，每次五百隻。

結果，第一次交貨的時間到了，結局顯而易見：農夫違約了。他家後院的池塘裡只有兩隻青蛙，而平日那令人心煩意亂的噪音都是牠們發出的。

「池塘裡有數萬隻青蛙」，這是農夫根據自己聽到的聲音做出的直覺判斷。任何一個有常識的人都可以判斷出他的直覺是錯的，但為什麼農夫一口咬定青蛙的數量有幾萬隻，還保證自己看到過呢？事實上，農夫沒有撒謊，他確實「自以為」看到過，那是因為他對自己的直覺極度信任，進而產生了錯覺。

農夫的「控制錯覺」是一個十分極端的案例，因為「池塘裡有多少隻青蛙」這件事情，本身是可以透過現場觀測和常識判斷來實際控制的。但是，生活中還有很多事情我們沒有能力做出任何判斷。比如，樂透中獎這類機率性事件，或者我們自身沒有能力解決的技術問題等，這個時候，我們就會依賴直覺來做出判斷。

這個行為本身沒有任何問題，直覺至少是一種比「聽天由命」更積極的應對措施，它有時候甚至會扮演比理性思維更有價值的角色。但是，千萬要記住，不要讓自己陷入「控制錯覺」之中。要時刻提醒自己：憑直覺做出的決定也僅僅是直覺而已，畢竟不是真正意義上的理性決策，它沒有其他依據。

第六章
墨菲定律中的積極意義

　　「墨菲定律」的存在對人們的思想觀念和處事方式都產生了極大的改變，它使人們對事物的發展規律有了重新的理解，又總結出一套行之有效的積極效應。

　　「墨菲定律」的積極意義在於：錯誤只要不是最致命的，就有它的正面價值，就有改過自新的機會。它使人們對失敗不再抱有恐懼的心理，並在無形之中時刻反省自己，如果你失敗了，你將知道究竟哪種方式行不通，哪種方式行得通。另外，失敗能提供實施新方式的機會，最終收穫你所渴望的成功果實。

能夠犯錯才知道錯在哪裡

害怕犯錯是「墨菲定律」致命的魔咒，因為你越是害怕，它就越是會發生，但是，如果我們站在相反的立場來看這個問題，或者換一種思維去思考，認真地想一想：犯錯就一定是壞事嗎？

◇錯誤是成功的墊腳石

每一個錯誤其實都是在為後續的成功鋪路，錯誤就是成功的墊腳石。許多堅忍不拔的人都是踏著一次次的失敗，才最終走向成功的。

比克有一家屬於自己的室內裝修店。現在，他即將要去拜訪一位十分重要的顧客，這是一位非常富有但是性格古怪的老頭。對於能否得到這位顧客的青睞，他完全沒有信心。因為他從其他地方得知，這位古怪的老頭已經回絕了城裡所有的店鋪。

進入到老頭的家裡後，比克先將整個屋子環視一番，然後說出了自己的估價。老頭卻突然在這時，用一種審視的目光凝視著他問道：「你曾經做過錯事嗎？」

「呃，當然有過。」比克不知道老頭是何意，但還是老實地回答道。

「很好。」老頭對這個回答很是滿意，然後道：「那我屋內的裝修事宜就交給你好了。我可不願意和那些從來沒有犯

過錯誤的虛偽之人有任何交集。」

不論是生活還是事業，錯誤都是我們生活中無法避免的一部分，一些閱歷豐富的成功人士，他們的經驗也都是來自錯誤後的總結。一個說自己沒有任何錯誤的人，就是一個虛浮的人、不可信的人，他也不可能有豐富的知識，過人的閱歷。只有在錯誤中吸取教訓，在錯誤裡自我反省，我們才能夠進步，才能把自己現有的技能掌握得更全面、更牢固。

曾經就有人說過，人只有經過不斷的跌倒，再爬起來，才能夠學會如何騎自行車。我們那時的學習或許就像一個笨蛋，也許會遭受來自別人的無情嘲笑，但是如果我們因此而放棄，那麼就永遠也無法體會到踩著踏板，在馬路上疾馳的樂趣了。

其實我們完全沒有必要太過在意別人的關注。現實中，每個人都有自己的事做，他們並不會有那麼多空閒時間來監視我們，很多時候，只是我們太過於敏感或者太過自以為是而已。

肖默在別人眼中，一直是一個很自信的人。但是他也有不自信的時候。一次在和人聊天時，他就承認了很多年以前自己的一件糗事：那是在溜冰場時，他看到一些新手溜冰時各種摔倒的姿勢後，就害怕自己也會這樣，害怕成為別人眼中的笑料，就止步不前，再也不敢嘗試了。

當肖默人到中年時，常常回想起這件事情，總覺得是一

個遺憾，他害怕再不去嘗試一番，以後真的沒有機會了，於是，在某一天，他勇敢地踏出了這一步。

不可否認，溜冰時肖默也是難免的錯誤頻出。但是事後他高興的承認：「我不在乎了，因為我戰勝了自己，而且我也玩得很開心。」其他溜冰的人，也並沒有對他有過半點嘲諷，反而很是敬佩他這種突破自身的勇氣。

就讓我們勇敢地面對眼前的未知吧！對於所有我們想要嘗試的新鮮事物來說，每個人都不可能是萬能的，總有自己不擅長的一面，也總有讓自己驕傲、讓別人羨慕的一面。

我們需要明白的是，很多事物的本身，其實並不存在競爭關係，它或許只是一種娛樂，又或是一種能夠為我們心靈提供滿足的愉悅感。比如很多人喜歡書法，也許只是為了陶冶情操，鍛鍊心境，並非要去參加比賽，分出個輸贏。

所以，哪怕很多事情我們做得不好，甚至錯誤百出、毫無專業可言，也不必過於糾結和在意，只要我們努力改正了、進步了，得到了心靈上的滿足，那麼又何必在乎那麼多呢？

不切實際的幻想，百分百的成功率，就是一種對人生的錯誤解讀，那只會讓我們在錯誤的泥潭裡掙扎不止。而一旦失去對事物的正確認知，我們將永遠無法改正可以改正的錯誤。

我們應該清楚地了解到，沒有人是完美無缺的，每個人都有不足之處和優勢之處，及早明白這一點，我們就能夠更快、更好地朝著自己的目標前進。

在我們的生活中，能夠獲取成功的幸運兒畢竟是少數，這些成功者並沒有我們想像的那麼全能，也不是沒有犯過錯誤，相反地，他們的錯誤可能比我們更多，只是他們不會把情感和精神浪費在沒有任何意義的後悔上。對於這群人來說，發生的錯誤已經成為過去式，只有想盡辦法去挽回和改善，如何轉敗為勝，才是有意義的，才是他們人生中急需解決的問題。

在很多家庭裡，一些父母總為孩子訂立一些高不可攀的目標。他們經常對孩子灌輸一種，你們不努力，父母就會很失望的觀念。殊不知，這種做法是極為錯誤的，畢竟不是每一個孩子都是天賦者，也就是所謂的天才。

一旦孩子背負了太多心理壓力，又得不到有效疏解，那麼總有一天，當他們遇到一個克服不了的挫折時，要麼就是澈底放棄，要麼就會走向極端，自我毀滅。甚至有些孩子還會產生怨恨，恨那些把他們送上絕路的父母。

所以，不論是父母還是我們自身，做人做事，都要吸取那些錯誤的經驗，學會適可而止。只有這樣，我們才能夠摸索出一條適合孩子們，也適合自己行走的大道。

我們應該牢記，沒有什麼事情是能夠一蹴而就的，太多偉大事物的誕生，都是透過無數次的冒險嘗試以及不斷的錯誤累積才取得的。這些我們吸收而來的經驗，就是我們走向成功的墊腳石。

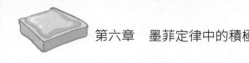

　　在意識到錯誤的時候，我們還要敢於挑戰錯誤，改正錯誤。只有敢去做、不怕錯，才能夠知錯改錯，才可以在錯誤中走出一條屬於自己的光明之路。

犯錯也能成為一件很棒的事

有很多事情，我們越去逃避，就越是避免不了。越是害怕錯誤，就越是躲避不掉。它就像一個無形又惡毒的詛咒，無論你如何驅趕，它始終都會圍繞在你的身旁，揮之不去。這也是「墨菲定律」的一種完美釋義。

但是，任何事物都有正反兩面，反過來思考一番，犯錯並非完全是壞事，如果從另一個角度去解析，它反而會為我們帶來意想不到的啟發和收穫。

◇犯錯並不一定是壞事

1929 年夏天，波士頓紅襪隊一壘手卡爾‧雅澤姆斯基成為棒球史上第 15 個擊出 3,000 次全壘打的人。傳媒界對他十分注意，數百名記者在破紀錄的前一個星期就開始報導他的一舉一動。

曾有一位記者問道：「雅澤姆斯基，難道你不怕這些注意力會使你失常？」卡爾‧雅澤姆斯基回答：「我的看法是，在我的運動生涯中，我的打擊數超出 10,000 次，也就是說我有 7,000 多次未能成功地擊出全壘打。僅是這件事實就能使我不致失常。」

許多人認為成功與失敗是相對的。事實上，它是一體的兩面。以卡爾‧雅澤姆斯基為例，打擊有打中與打不中兩種情形。而他失敗的次數比成功的次數要多兩倍以上。換句話

說，正因為他有這麼多的失敗才造就了他的成功。

這同樣適用於創造性思考：它能孕育出新創意，也會產生錯誤。然而，仍有許多人不喜歡犯錯。我們的教育制度採用尋找「正確答案」的觀點來培養我們的思考能力，使我們的思考更加保守。從小時候起，我們就被教導要尋找正確答案。正確答案才是好的，不正確答案是壞的。這種價值觀深植於學校的獎懲制度中，如：

90 分以上的成績為優，80 分以上的成績為良，60 分以上的成績為及格，低於 60 分的成績為不及格。

這種制度，讓我們在考試時學會要盡可能答對，最好不要答錯。也就是說，我們從小就有了「犯錯是壞事」的觀念。

每當出現錯誤時，我們通常的反應是：「太不應該了！」你知道即使一點微小錯誤，也會對你不利時，你會牢記不可犯錯。更重要的，是你學到了不要置自己於失敗之地，於是形成了保守的思維模式，恥辱成為社會給予「失敗」的定義，大家都爭相避免。

例如，有一個年輕人剛從大學畢業，卻很長時間找不到一個工作。後來，他到心理診所諮詢，發現他的問題在於他不懂得接受失敗。他接受十幾年的學校教育，各項大小考試從未不及格過。這使他不願意嘗試任何可能招致失敗的方法。他已經被塑造成相信失敗是壞事，而不是產生新機遇的潛在墊腳石。

　　瞧瞧周圍，有多少人因為害怕失敗而不願嘗試任何新事物，許多人都牢記不可在公眾場合犯錯，結果錯過了許多學習機會。

　　錯誤並不一樣，有些可能毀了你。想想看，假如你站在馬路快車道上或把手放到開水壺裡，一定會大吃苦頭。此外，工程師設計的橋梁倒了，股票經紀人讓顧客賠錢，以及設計廣告的人打出的廣告反使銷售量減少，那麼他們的工作都不可能維持太久。

　　幸好，大多數錯誤不致如此嚴重。反而過於相信「犯錯是壞事」，會使你創新的機會大為減少。因為在創造萌芽階段，犯錯是創造性思考的必要副產品。

　　如果你對是否獲得正確答案十分在意，而不在意能否激發創意，那麼你可能會誤用取得正確答案的法則、方法和過程。你可能會忽視了創造性過程的萌芽階段，僅會花少許時間去證實假設、向規則挑戰、提出「假如」問題，你也可能僅注意難題而不去深入思考。如此，所有的思考技巧都會產生不正確的答案。

◇錯誤有其潛在價值

　　從另一方面看，有創造力的思考者會了解錯誤的潛在價值，然後他會利用這錯誤作為墊腳石，來產生新創意。下面是關於汽車天才凱特林的故事，這個故事說明了經由錯誤假設得到好創意的工作精神。

　　1912 年，當汽車工業正開始發展時，凱特林想要改進汽油在引擎內的使用效率。他的難題是汽車的「爆震」使汽油要在一段長時間後才能在汽缸中燃燒，因而降低使用效率。

　　凱特林開始想辦法除掉爆震，他想：「要怎麼樣才能使汽油在汽缸裡提早燃燒呢？」這裡的關鍵字眼在「提早」。他想研究類似情況，便到處尋找「提早發生的事物」模式。

　　他想到歷史模式、心理模式以及生物模式。最後他想起一種特別植物，蔓生的楊梅，它是「提早發生」的，即它在冬天開花，比其他植物早。楊梅的主要特性之一是它的紅葉子可以保留住某波長的光線。而凱特林認為一定是紅顏色使楊梅的花提早開放。

　　凱特林的連鎖思考進入重要步驟。他自問：「汽油要怎樣才能變紅色？也許在汽油裡加紅色染料，就會提早燃燒。」他在工作室找了半天，找不到紅色染料，倒是找到一些碘，於是他把碘放在汽油裡，引擎居然不發生爆震了。

　　幾天後，凱特林想要確定是否是碘的紅顏料解決了他的難題。於是他拿一些紅顏料放進汽油裡，結果什麼事也沒發生：凱特林這才了解不是「紅色」解決爆震問題，而是碘所含的某種成分除掉了爆震。

　　這個案例顯示錯誤是產生新創意的墊腳石。假如凱特林早知道僅僅「紅色」不能解決問題，那麼他可能不會在汽油裡加碘，也不會意外地找到解決方法。

◇錯誤能提示轉變方向

　　錯誤還有一個好用途，即能告訴我們什麼時候該轉變方向。比如現在你可能不會想到你的膝蓋，那是因為膝蓋好好的。但是假如你一條腿骨折，你會立刻注意到以前能做且視為理所當然的事現在都沒辦法做了，你必須想出另一個新方法。

　　事實上，我們是從嘗試和失敗中學習，而不是從正確中學習。假如我們每次都做對，就不需要改變方向，我們只要繼續沿著目前的方向，直到結束。

　　某家廣告公司的創意總監說，除非有一半時間都失敗，否則他不會快樂。他這樣說：「假如你想做個創意人，就需要犯很多錯誤。」

　　一家發展迅速的電腦公司的總裁告訴員工：「我們是發明家。我們要做別人從未做過的事。因此，我們將會產生許多錯誤。我給你們的勸告是：『可以犯錯，但是要快點犯完錯。』」

　　銀行業也有相同情形。據說如果貸款經理從未放過呆帳，就可以確定他做事不夠積極。IBM 的創始人湯瑪士‧華生有類似的話：「成功之路是使失敗率加倍。」因此，至少我們可以說，錯誤是脫離常軌和嘗試不同方法的指標。

　　大自然是提供以「試誤法」來進行改變的絕佳實例。每一次基因繁殖時產生錯誤，就會有遺傳上的突變發生。在大

多數的情況中，這些突變對物種有不利影響，使其遭到自然選擇的淘汰。但是偶爾會產生對物種有利的突變，且會遺傳給下一代。地球上之所以有如此多的生物乃是這種試誤過程的結果，如果原生的阿米巴原蟲不產生任何突變的話，哪有今天的你我呢？

◇如何才能避免犯錯

　　我們都希望把事情做對，可是，錯誤又無處不在，那麼，如何才能避免犯錯，做出正確的決定呢？在還沒有闡述做決定的方法時，先讓我們來研究一下思考的過程。

　　在此所謂的「思考」，是指認真考慮解決日常生活問題的辦法。下決心時，你一定要有信心，要相信自己這麼做絕對沒問題。猶豫不決或者是情緒不穩定，只會影響我們的判斷。不過這種精神負擔也有它的好處，它能夠使我們了解什麼才是正確的判斷，並且在做了錯誤決定後很快地把它糾正過來。

　　我們在處理日常事務的時候，往往會碰到兩種情況，一般性的問題只要憑經驗就能解決，而重大事件則需經過冷靜思考後才決定。一般性問題由於情況固定，我們只需按照常理判斷，便能找出解決的方法。可是決定重大事件時的情況就不同了，我們必須得考慮很多。譬如：有沒有必要改變現狀，是否採取應變措施，以及從何處著手等。處理重大問題的方式，往往會因人而異：也許是提高公司的生產量，改變

組織或者是改變投資對象，重新訓練職員或推銷員……

　　做重要決定時，發現問題比找出正確的解決方法更為重要。因為不了解實際狀況所做的決定，不足以真正解決問題。而且，我們的原則是，經過決定後實施的一連串措施，必須能夠發揮它們最大的效用。不論是對公司、家庭以及其他組織而言，「管理」這一名詞並非只是理論而已。因此，那些紙上談兵的方案或者是異想天開的計畫還是盡量避免為妙。

　　坦白地說，決定的準確性是沒有標準的。因為往往在進行的過程中，會旁生出許多令人料想不到的枝節。打個比方吧：假如你是一家公司的業務經理，你必須由眾多推銷員中選出一位足以擔當大任的人才。

　　也許你有識人之明，很快就找到了理想的人選。但非常遺憾的是，這個人選竟然在受訓後向你提出辭呈。原因是他的太太最近繼承了一大筆遺產，他們想趁此機會自己出去打天下。於是，你的心血在一剎那間成為泡影。

　　儘管你會為了這件事情而沮喪，但你仍舊應該對自己充滿信心，因為你所做的決定是正確的。如果真要挑錯，那只能怪你不是神，無法預測未來罷了。不過，你倒是可以由這件事學到一點教訓，它可以幫助你以後做出更好、更準確的決定。

　　有時候看問題的表面，尚不足以發現真正的問題。因為我們往往會把問題發生的初期症狀看得無關緊要。比方說，當我們發覺公司裡的人際關係有點不對勁時，或許會以為是

個別的人出了問題，而事實卻顯示真正的問題出在經營者本身以及銷售計畫的失敗。

因此，當你要決定某一應變措施的時候，必須先查明問題發生的真正原因，並使它明朗化。如果時間允許的話，你還可以全盤調查並詳加檢查。但是，如果沒有把真正的問題找出來就決定如何改進，或者盲目地採取措施的話，是最愚蠢的做法。

事實上，若是能夠找出問題，已經可以說是把問題解決一半了。因為企業經營的問題，可不比工廠生產線上輸送帶在何處停頓那般顯而易見。有時候明知道員工請假次數太多是發生問題的徵兆，但卻找不出真正的問題出在哪裡。仔細分析過問題後，你就會發現請假次數多，意味著員工缺乏責任心，於是解決的重點應放在提高員工的責任感上。

不過，像這樣正確地抓住問題核心的時候應加倍小心，因為稍不留心就會使小問題發展為大問題。這時最好能把每個問題列出來，逐步討論後慢慢地處理。若是事先已明白問題關鍵所在，就要把它寫出來。這樣做的好處是能夠使你的頭腦不斷地思索如何處理它。

◇犯錯後的解決方法

一個問題發生後，可能有很多種解決方法，所以不要輕易放棄任何一個你所想出來的辦法。盡可能客觀地決定哪一個方法較適宜，倘若發覺自己的意志受情緒以及外在壓力的

左右，無法保持客觀態度時，應暫時停止你那忙碌的心，不要急著下判斷，因為此時你所做的判斷必定是漏洞百出。

下面舉出六條原則，以供讀者站在客觀立場判斷問題：

1. 問問自己能否真正解決問題？
2. 你所做的決定是一勞永逸的辦法嗎？
3. 是否真的有效？
4. 執行這個方案需要多少費用？
5. 自己或公司能否負擔起這筆費用？
6. 大家的意見如何？

一位經營者最主要的工作，就是在最後如何下決定。往往他所做的決定會直接影響整個公司的前途，所以不得不慎重行事。偶爾當你做出高人一等的決策時，最好把它視為僥倖，因為唯有如此，才能使你自己更謹慎，更成功。

假如經過種種嘗試後，仍找不出合理的解決辦法，最好能試著把幾個方法組合起來使之去蕪存菁，保留最好的，針對問題一步一步地修正，使之成為最好的解決方案。

為避免在解決困難問題時受情感或外在壓力的左右，下面幾條原則可以幫助你做一個理智的抉擇：

1. 不要妄下斷言，按部就班地由事情發生的過程中找出解決辦法。
2. 盡量避免感情用事。

3. 壓力太大的時候，稍微休息一下，因為不如此，你往往會做出不該做的決定。

4. 和自己的意願對照一下，看看自己所做的決定是否違背心意。

5. 為了切合實際，不要嫌麻煩，再檢查一遍。

6. 不要衝動地去做，把問題和其他有關係的事情再通盤考慮一下。

7. 只要方法正確，雖然不合你的心意，也應該照著去做。

經過慎重考慮所做的決定，應立刻去實行。若是進行得很順利，足以證明你的判斷是正確的。但如果中途發現意料之外的困難，則應立即回到決定的階段，再進一步地考慮問題究竟出在哪裡，然後從另一角度找出可行的辦法。

「我找出來的是不是真的問題呢？」這一類的想法，最好早一點把它們去除掉，因為你懷疑，就代表著你還沒有找到真正的問題。前面曾經說過，要把問題的關鍵找出來。因為無論你選出多麼理想的解決方案，如果沒有認清問題發生的原因，自然是白費力氣。

請牢牢記住一點：無論你做的是什麼樣的決定，最重要的還是去實行。在做決定的時候，不要讓太多人的意見摻雜進來，因為這樣反而會混淆了你的判斷力。不過在即將付諸實行的時候，你應該讓參與此項工作的人早一點知道進行的程序，然後發表個人的看法，這對做最後決定是有益的。

　　因此無論如何，最接近整個解決計畫核心的人，應該是要去實行的人，也正因為他了解整個計畫，所以能幫你指出你沒有注意到的細節，也許是一時疏忽而漏掉的問題。

　　在現代企業經營上，經營者應致力了解整個計畫決定的過程，並深入探討其範疇及正確的解決方法。同時還要具備隨機應變的能力。若能充分了解整個計畫的決定過程，當下屬因某一點疑問來詢問你時，你才不會手忙腳亂，隨便找一個理由來搪塞。

◇發現問題的處理要訣

　　現在總結一下前面所提出來的幾個要訣，這是處理一些問題時的特效藥：

　　1. 找出問題發生的原因。找出問題發生的原因並使其明朗化，是解決問題的一個重要關鍵，因為如果我們不了解問題發生的原因，也就無法解決問題。比如說，當你開車出門的時候，走在半路上，車子突然間開不動了。這時你是不是會立刻採取應變措施呢？倘若經過檢查，發現是汽油用光了，那麼把油加滿了問題也就解決了，但假如不是汽油用光了呢？那麼你恐怕就要費好大的一番工夫把車子檢查一遍，然後才能找出問題所在了。

　　有時候你掌握的資訊越多，越容易解決問題，因為沒有比較，往往不容易明了問題發生的真正原因，同時還可能延誤了處理的時間。所以為了明白事情發生的經過，我們平時

必須注意收集相關資料，而且要收集得很完備。

2. **制定出解決問題的方案及方針**。研究問題所在，然後制定出問題的解決方案及方針，必須切中整個問題。假如有必要可與部屬互相研究，確定問題關鍵後，才移至下一步驟。

有的時候，解決辦法並不是只有一個。因此，過去的經驗往往能幫助我們。假如是相同的問題，那麼可以把以前實行過的，而且是有百分之百成功率的方法提出來再使用一次。但如果是頭一次碰到棘手問題的話，就必須詳細考慮，然後注意其對其他工作人員的影響。

3. **澈底推行解決方案**。辛辛苦苦決定了的方案，倘若沒有確實地推行，豈不是白費力氣？至於實行方案的程度，可以視整個計畫的情況而定。無論是自己一個人單槍匹馬地去做，或者是幾個人一起進行，只要對整件事有幫助，都值得一試。

自己以種種方法嘗試做做看，仍然會有一些如「這件事要交給誰去做」、「什麼時候進行較恰當」等問題存留著。

4. **觀察工作進行得是否順利**。已經到了這個階段時，你仍不可掉以輕心。因為這正是處理問題最重要的一個階段。詳細檢查所有行動的結果，假如一切順利的話，就萬事大吉了。倘若還殘留著一些問題，那麼應該再深入檢查一次，找出失敗的原因。

這種毫不放鬆的態度，在剛開始進行計畫的時候就應該

具備，並且還要一直保持到工作圓滿結束為止。

　　如果是把工作交給部屬去辦，也應嚴加督促。

　　當你完全把惱人的問題解決掉後，那些因此連帶蒙受其惠的人都會感激你。而且當你把一件困難的工作完成後，上司也將改變對你的印象。由於他的提拔，你也許還可能平步青雲。假如你正經營一家公司，那麼這種妥善處理麻煩問題的能力，將使你的部屬、朋友、鄰居以及有金錢來往的銀行、客戶對你重新評估，並從心底佩服你。

勇於犯錯才能少犯錯誤

錯誤是這個世界的一部分，與錯誤共生是人類不得不接受的事實，而且錯誤並不總是壞事，犯錯往往是成功的墊腳石。因此，要勇於嘗試，敢於犯錯，關鍵在於要總結所犯的錯誤，而不是企圖掩蓋它。其實，在很多情況下，錯誤並不是什麼壞事，「墨菲定律」一樣可以帶給我們有益的啟示：

◇最大的錯誤是不去嘗試

有些人一輩子躲在別人身後，得過且過，別人怎麼做，他就怎麼學，這樣的人確實不會犯錯，但問題是，不犯錯也不會創新，不創新世界就不會發展，社會就難以進步。正如「墨菲定律」所言，「正確答案」本身就是不可靠的，真理並不是永遠都只在少數人的手中。

如果你不想因此而遺憾終身的話，那麼加強你的「冒險」力量，我們每個人天生都具有這種能力，但必須常常運用，否則就會退化，直至我們變為一個真正的「膽小鬼」。

◇可以犯錯，但是不要犯低級錯誤

我們可以把「犯錯」看成是「獲得成功」的成本，並且是合理的和必要的，但最好少一些，畢竟你我皆凡人，經受不起太沉重的打擊，沒有太多的能力為嚴重的錯誤「買單」。

但是，這並不是說我們就必須縮手縮腳，而是應該善於從錯誤中學習，吸取經驗，為我們以後的道路打好基礎，否

則我們所犯的錯誤還有什麼價值呢？愛迪生經過上萬次「錯誤」，發現了製造電燈的正確方法，相反地，那個在同一個地方跌倒兩次的人卻是真正的傻瓜。

◇掌握真正的問題

當錯誤發生時，人們很容易被一些表面的現象所迷惑，看不到錯誤的真相，真正的問題也就被掩飾起來了。坦白地說，決定的準確性是沒有標準的。因為往往在進行的過程中，會旁生出許多令人料想不到的意外枝節，這就是為什麼說「計畫趕不上變化」的原因。

我們所能做的，就是在掌握可知資訊的情況下，對各種因素和可能性做出理性的評估和選擇。大致的流程是：

1. 盡量收集資料，找出問題的原因。
2. 衡量資料的重要性，並找出應對的方法。
3. 按照正確的方法去做。
4. 觀察事情進行得是否順利。

◇盡量減少中間環節

根據墨菲定律我們可以推測出：一個簡單的計畫或制度不一定是好的。但一個複雜的計畫一定是壞的。因為「犯錯」的可能性無處不在，萬分之一的可能都足以導致一個錯誤的發生，這是我們每個人都知道的道理，更何況環節越多，危險性就可能越大。

這一點在軍事史上可以得到最好的印證。一支軍隊的指揮系統越複雜、層次越多，機動性和戰鬥力越差。疊床架屋，相互牽制的系統之間的爭吵，推卸責任，嚴重阻斷了資訊的傳遞，並製造大量垃圾資訊，是錯誤和災難的溫床。因此我們不得不對這一點進行防範，記住哲學家的忠告：「簡潔即是美。」

　　自然法則神祕莫測，我們必須保持謙恭的態度。人永遠也不可能成為上帝，當你妄自尊大時，「墨菲定律」會讓你知道厲害；相反地，如果你承認自己的無知，「墨菲定律」會幫助你做得更好一些。

教你一招降低錯誤的絕招

「墨菲定律」認為，一件事只要有可能出錯，就一定會出錯。與錯誤共生是人類不得不接受的命運，其實，在很多情況下，錯誤會為人們帶來有益的經驗或嘗試。那麼，我們為什麼不能總結經驗教訓，把犯錯的壓力變成改正錯誤的動力，從而減少錯誤的發生呢？

人都是有惰性的，他們在不知道「墨菲定律」的時候，或許會懵懵懂懂地犯錯，但是，當他們知道了「墨菲定律」的危害後，會緊繃頭腦中犯錯這根弦，努力去避免錯誤或杜絕錯誤，竭力使自己做得更好。這其實與管理學上的「馬蠅效應」有異曲同工之妙。

「馬蠅效應」認為，再懶的馬，只要身上有馬蠅叮咬，牠就會立即抖擻起精神，飛快地奔跑。「馬蠅效應」源於美國總統林肯的一段有趣的經歷。西元 1860 年，林肯贏得大選後開始組建內閣，一個叫做巴恩的大銀行家看見參議員薩蒙‧波特蘭‧蔡斯從林肯的辦公室走出來，就對林肯說：「您千萬不能讓蔡斯進入您的內閣。」

林肯問：「你為什麼這樣說？」巴恩答：「因為他本想入主白宮，卻敗在您的手下，他肯定會懷恨在心。」林肯說：「哦，明白了，謝謝。」但是，出人意料的是，隨即林肯就把蔡斯任命為財政部長。

　　林肯就任後，有一次，他接受了《紐約時報》的亨利‧雷蒙德的專訪。在專訪過程中，雷蒙德問林肯為什麼要把這樣一個勁敵安置到自己的內閣中。林肯講了一個故事作為回答。

　　林肯少年時和他的兄弟在肯塔基老家的一個農場裡犁玉米地。林肯吆喝著馬，他兄弟扶犁，而那匹馬很懶，慢吞吞地走走停停。可是，有一段時間，馬卻走得飛快。林肯感到奇怪，到了田地邊後，他發現有一隻很大的馬蠅附在馬身上，就隨手把馬蠅打落了。

　　他兄弟抱怨說：「哎呀，你為什麼要打掉，正是那傢伙使馬跑起來的啊！」

　　說完這個故事，林肯對雷蒙德說：「現在，你知道為什麼我要讓蔡斯進入內閣了吧？」

　　林肯把一個時刻威脅著自己地位的政客引入內閣，就是希望自己能像被馬蠅叮上的馬一樣，不停地往前跑。

　　馬蠅叮咬馬，馬才會跑得飛快，人其實也一樣。心理學家研究發現，與站立相比，人們更喜歡坐著，因為人的本質是喜靜不喜動，這是由人內心尋求安逸的天性決定的。

　　有人曾經這樣說：「安逸、舒適的生活足以毀滅一個天才。」的確，無數的例子證明，過於安逸的生活能消磨掉人的鬥志，並在日常瑣事中將個人的才華、潛力消耗殆盡。

　　日本本田株式會社創始人本田宗一郎提出一個觀點，一個優秀企業的員工基本可以分為三類：20%的骨幹型人才，

60％的勤勉型人才以及20％資質平平的普通員工。但是，公司不可能完全將那20％的普通員工裁掉，因為那樣做的管理成本太大。而且這20％的員工也不都是「蠢材」，他們只是缺乏進取心、甘於平庸而已。

後來，本田宗一郎受「馬蠅效應」的啟發，決定從人事方面改革，激勵這些普通員工。經過周密的計畫和努力，本田宗一郎找來了這樣一隻「馬蠅」，原松和公司的銷售副經理、年僅三十五歲的武太郎。本田宗一郎選擇武太郎，正是因為看中了他「雷厲風行的才幹和刻薄無情的管理風格」。

武太郎接管本田銷售業務後，因其極度嚴厲、近乎苛刻的管理風格幾乎遭到了所有員工的痛恨，但是痛恨之餘，卻不得不打起十二分精神投入到工作中，原因在於武太郎的綜合能力極強，他可以開除掉任何一個他覺得拖累部門的人，不讓部門業務受到任何影響。

在這隻「大馬蠅」的叮咬下，那20％的普通員工爆發出了驚人的潛力，公司銷售額直線上升，公司在歐美市場的知名度也因此不斷提高。

人都是「激」出來的，因為如果沒有外力的刺激或震盪，許多人都會四平八穩、舒舒服服、得過且過地走完人生之路。那些優秀的人才固然能力出眾、天賦過人，但是，許多算不上優秀的庸才卻未必真的平庸，很可能他們只是缺乏激勵，沒能把自己真正的潛力發揮出來而已。

因此，想取得成功，我們要學會主動接受外在的激勵，讓外在壓力變成內在的動力，挖掘出潛藏於自身的真正實力。

決定成敗的永遠是你的細節

　　成敗源於細節。生活常常是由一件件瑣碎的事情組成，然而，這些瑣事如果不認真處理，就有可能帶來很大的困擾，甚至釀成大禍。古人常說的「千里之堤，毀於蟻穴」就是這個道理。所以，細節不容忽視。細節可以影響別人如何看待你以及對自我的看法，細節的展示可以讓你以專業的水準與別人進行交流和溝通，展示你處理事務的能力。

　　有一些細節，多數人並不在意或者根本沒有意識到，當真正重視的時候卻是悔不當初。細節不僅決定成敗，更決定了人的一生，所以，你不得不重視細節。大到企業，小到一個人，從做人到做事都需要關注細節，從一點一滴的小事做起，只有這樣，才有可能成功，因為機遇也藏在細節之中。

　　張經理在一家大型外貿公司當部門經理。2021 年下半年，在地一所大學的幾個外貿科系畢業生來公司實習。實習結束時，請示總經理後，張經理把一個姓王的同學留了下來。張經理為什麼獨獨把他留下來呢？原來，這個小夥子有幾個特別的細節之處打動了張經理的心。

　　正式實習的那一天，張經理向同學們介紹部門的成員和同學們的分工。其中老陳是公司的老業務員，年齡偏大。其他同學都跟著員工喊他「老陳」，而小王一直很尊敬地稱他「陳老師」。還有小王不像其他同學那樣無所事事，他主動見

事做事，跟著同事跑銀行和商檢交單，到海關報驗，即使在大熱天搭乘公車也毫無怨言。

他說：「我多跑一個地方，哪怕只是一個簡單的交接單過程，也會讓我熟悉這個工作的環節。出了差錯，請示老師後，現場改正也是一種學習的機會。」

有好幾次，老陳接聽國際長途電話，小王就默默地坐在一邊「旁聽」，細心地揣摩他如何和外商交談。有時則悄悄地為老陳遞枝筆，或送上水，或記錄一些數據。這些細小之處，既為老陳帶來了工作上的便利，也表現出新人對「前輩」的尊重。這些細節張經理看在眼裡，就對小王產生了好感。

小王一畢業，張經理就委託公司人事部為他辦好了手續，從而使他順利地完成了實習 ── 畢業 ── 求職的「三級跳」。

這就是細節的魅力。一位管理學大師說過，現在的競爭，就是細節的競爭。細節影響品質，細節體現品位，細節顯示差異，細節決定成敗。在這個講求精細化的時代，細節往往能反映你的專業水準，突出你內在的素質。燦爛星河是因無數星星匯聚，豐功偉業也是由瑣碎小事累積，讓我們不吝從小事做起，把小事做精，把細節做亮！細節也能成就一個人的成功。

「魔鬼存在於細節中」，任何一個策略決策和規章法案，都要想到細節，重視細節。任何對細節的忽視，都可能導致

決策失誤。美國電信決策失誤，導致寬頻網路進入居民家庭進度緩慢，就是個例子。

美國是全球網路革命的領導者，但寬頻目前在民眾家庭中的普及率並不高。據統計，在韓國，近 2/3 的家庭擁有寬頻接頭，而且寬頻網路的平均速度達到每秒 3 兆，是絕大多數美國寬頻系統的 2 倍左右；在日本，有 40％ 左右的家庭在 2003 年年底也已採用寬頻上網，速度快到每秒 12 兆。而在美國，接入寬頻的用戶只有 15％，而且寬頻網路的速度也比韓國慢一半，絕大多數網路用戶仍在撥號上網，無法享受資訊革命帶來的成果。

造成美國在寬頻上發展緩慢的原因並不在於基礎設施不健全。其實，美國有 80％～ 90％ 的人口都已經在寬頻接入的覆蓋範圍之內，只是寬頻接入卻在即將進入用戶的所謂「最後一英里」階段碰到了障礙。這雖有經濟、技術等方面的因素，更重要的在於決策的失誤。

美國以新《電信法》為基礎的寬頻政策規定：美國各地方電話公司必須將其網路拿出來供寬頻營運商共用，意在透過這樣的管制，鼓勵 DSL（數位用戶線路）等採用電話交換系統參與寬頻業務領域的競爭，以大大降低「最後一英里」的連接費用。然而，這一政策忽視了一些細節問題，成為阻礙寬頻網路入戶的重要原因。

在幾年前，網路建設過熱，美國曾出現「跑馬圈地」的

寬頻建設熱潮。出於對電信容量將迎來爆炸式增長的期待，電信業投資旺盛，然而寬頻業務卻一直未能形成足夠的需求，結果導致電信能力過剩。電信業入不敷出，無法收回投資，日子很不好過，世通、環球電訊等電信大廠申請破產。

受政策上「最後一英里」障礙的限制，大量閒置的寬頻主幹網路未能接入用戶家庭。因為與窄頻不同，寬頻入戶需要更多的設備建設投資。美國各地方電話公司出於自身利益考慮，不願意花錢鋪設線路而讓他人坐享其成，而參與競爭的寬頻網路營運商因網路泡沫破滅，本來就自身難保，無力投入巨額資金。

此外，寬頻政策中的混亂與不統一，也影響著寬頻最大限度地進入居民用戶，如對於以有線電視方式提供寬頻服務的營運商，就不要求其與競爭對手分享網路設施；而整個寬頻業務行業與影視娛樂業等內容供應商之間也存在矛盾，互相制約。正是這種決策上的失誤，導致了美國寬頻業務發展緩慢。

事實證明，越是複雜的行業，政策法規就越是要求細節。另外，越是走向法制社會，包含明確細節規範的法規政策就越是重要。

當初從日本進口縫衣針的時候，好多人都感到驚詫：一個針還要買日本的？看到了日本針才發現，我們常用的針是圓孔，而日本的針是長條孔，這是為照顧老人們眼花而設計的。

這些都說明了日本的企業十分注重細節。在實際操作

中，要做到這些是不容易的，因為只有生產部、物料部、採購部、研發部、製造部通力合作，才能將這件事做好。但是如果你在決策和設計的過程中根本就沒有考慮過這些細節，恐怕你連操作的餘地都沒有了。

一位管理學家指出，在市場競爭日益激烈殘酷的今天，任何細微的東西都可能成為「成大事」或者「亂大謀」的決定性因素。把每一件簡單的事做好就是不簡單，把每一件平凡的事做好就是不平凡。

追求完美的細節，需要高度的責任心、敬業精神和嚴謹求實的態度，它要求你必須付出數倍多於別人的努力，才能取得超越別人的成就。

在這個世界上，最難完成的事情和最容易完成的事情是同一件事，那就是簡單的事情，而成功就在於每時每刻能夠把簡單的事情重複做好。然而，在現實生活中，往往是想做大事的人很多，願意把小事做好的人不多。我們不僅需要雄才偉略的策略家，同時也需要精益求精的執行者。

所以，做一個真正的人生贏家，不僅需要高瞻遠矚的智慧，而且需要重視細節，樹立細節意識，從一點一滴的小事做起。「不論做什麼事，你都應該精通它」，而要把事情做到最好，每個人心目中必須有一個很高的標準，而不是一般的標準。

在決定事情之前，要進行周密的調查論證，廣泛徵求意

見，盡量把可能發生的情況考慮進去，盡可能避免出現 1%的漏洞，直至達到預期效果。這也許是雞毛蒜皮，但這就是工作，就是生活，是成就大事不可缺少的基礎。

　　一個不願做小事的人是不可能成功的。要想比別人優秀，只有在每一件小事上下功夫。不會做小事的人，也做不出大事來。因此，要擔負起自己的責任，做好自己的本職工作，就要從細節做起，從小事做起。

　　無論從事何種職業，都應該專注，盡自己的最大努力，求得不斷的進步。這不僅是工作的原則，也是人生的原則。如果能夠全身心投入工作，把每件事情做透澈，終究會獲得成功。

　　大到企業，小到個人，細節都是決定成功的關鍵。一個企業，如果能掌握好營運中的細節，做到盡善盡美，那麼企業一定會越來越強大；同樣，如果一個人在實現夢想的路上注重細節的實現，把關鍵的細節做到、做好，那麼他離成功會越來越近。在通往成功的路上，往往一個細節就會成為你的致命要素，一旦這個細節出現了問題，整個過程就會功虧一簣。

　　從小事做起，認真負責是一種素養。如果連小事都不去努力做好，很難說在大事上有能力做好。每當做事情時，就應該在心裡嚴格要求自己，設定一個標準。某個事情應該做到什麼樣的標準，以後做類似的事情時就按照這種標準做，不應偷工減料。在一點一滴的小事上訓練自己的素養，讓

自己變成一個訓練有素的人，做更複雜的事情時就會得心應手。

　　人生固然要有宏大的遠景構思，但人生的價值和意義卻在生活的平淡瑣碎中展現。對於個人而言，無論是說話、辦事，還是做人，任何一個小細節都可能產生巨大的影響。一個不經意的細節，往往能夠反映出一個人深層次的修養。展示完美的自己很難，因為這需要每一個細節都完美；但毀壞自己卻很容易，只要一個細節沒注意到，就會為你帶來難以挽回的影響。

　　「墨菲定律」告訴我們：不要存在僥倖心理，小的細節會造成大的過錯。但如果我們重視細節，不在細節上犯錯，那麼，墨菲定律的魔咒就會失效，我們就能在工作上鑄就自己的輝煌。

不要蠢到一條路走到底

　　錯誤就像手心和手背一樣，在我們周身不停地發生並演變著，然而愛因斯坦的一句話或許會對我們有一定的啟發，他說：「上帝雖高深莫測，但他並無惡意。」

　　是啊，很多時候只是我們自己不肯原諒自己，非要在這條錯誤的路上走到底而已。這種明知「不可為而為之」的做法是不可取的，它只不過是愚笨者為自己找的一個稀爛藉口。

　　的確，錯誤本身並不可怕，因為我們可以發現錯誤、改正錯誤，從而從中總結教訓，累積經驗。然而幽默的上帝好像總是要和人們開玩笑似的，總是在我們解決了一個錯誤之後，又有許許多多的錯誤接踵而至。雖然如此，積極的人們還是在用極大的樂觀主義精神，從容地面對著來自未來的不可知的挑戰。

　　21 世紀是一個經濟飛速發展的時代，人們在解決了 20 世紀的種種問題和校正了錯誤之後，建立了人類成為世界主人的新時代，雖然人類還不能隨心所欲地改造世界的面貌，然而至少人們在錯誤和困難面前不再束手無策了，因為，每一個錯誤和問題的解決都昭示著人類社會又向前進步了一點。

　　面對錯誤和問題，如果積極主動，總能找到解決的方法，但是我們不能因此而得意忘形，因為，在未知的將來面前，我們解決問題和錯誤的能力還是有限的，更何況我們在改正一個

錯誤的時候還可能犯下了另外一個錯誤呢！因為錯誤就像影子一樣總是跟在我們身後。然而只要我們記得「墨菲定律」對我們的啟示，我們就能對錯誤見怪不怪，從容自然。

錯誤就像痛苦一樣，是人們成長的一種代價和基石。因為錯過，我們才能知道什麼是對的；因為錯過，我們就能避免再犯同樣的錯。雖然錯誤的不請自來也是我們不得不接受的命運，但錯誤並不總是壞事，從錯誤中汲取經驗教訓，我們才可以得出正確的結果，才能一步步走向成功。因此，我們可以把錯誤視為通往成功的跳板，並借助與我們形影不離的錯誤獲得更好的發展。

俗話說：「禍兮福之所倚，福兮禍之所伏。」禍福互相依存，互相轉化。世間萬事瞬息萬變，沒有定數，好事瞬息能變成壞事，壞事也可能很快就變成了好事。因此，我們只需行至水窮處，靜看雲卷雲舒。

福禍就像硬幣的兩面，相互依存，因此在日常生活中，我們沒有必要因為一點成績就大喜過望，或因為一點不幸就悲痛欲絕，要清楚地知道，福禍總是結伴同行的。

有一個人整天祈禱上天賜給他幸福，他的誠心感動了上天。終於有一天，上天派了美麗的幸福女神來敲他的家門，他喜出望外，趕忙請她進屋，但幸福女神卻說：「請等一等，我還有一個妹妹呢！」說著把在暗處跟著她的妹妹介紹給他。

他一看大吃一驚，因為這個妹妹長得十分醜陋，他問：「她真的是妳的妹妹？」

幸福女神回答說：「是的，她是我的妹妹，是不幸女神。」

他說：「我可不可以只請妳一個人進來呀？」

幸福女神嚴肅地說：「這可不行，我倆如影隨形，無論走到哪裡，都是在一起的，無法分開。」

無獨有偶，任何事情都有兩面性，由於福和禍都有可能發生，那麼它們就會在某一時刻發生，現在沒有發生可能只是時間問題罷了。因此我們沒有必要「以物喜，以己悲」，要知道，塞翁失馬，焉知非福。

然而，造物主總是高深莫測，「墨菲定律」也總是冥頑不化，雖然我們不能阻止禍事的發生，但也不必談禍色變，而是要感受到隱藏在它背後的某種善意。

肥皂的出現和雞尾酒的發明也正是這種反應的例子。

在古埃及，有一天，一位法老大宴賓客，這當然是廚師們大顯身手的好機會。然而就是這樣異常重要的時刻，一位廚師竟然不慎將一盆油撒在炭灰裡。他一邊深深自責，一邊將沾滿油脂的炭灰捧出去。

當他洗手時，意想不到的情況出現了：平時最令他頭痛的手上油汙，這一次竟然清洗得又快又乾淨。這位廚師因此而感到非常驚喜，於是，他馬上叫來其他廚師也用這種炭灰

洗手，結果自然洗得又快又乾淨。人類歷史上最早的肥皂在這位廚師的「失誤」中出現了。

歷史有時候總是驚人的相似。在某個國家的一個酒吧裡，有一個叫喬治的年輕夥計。平時他的工作就是把供酒商送來的酒按品種倒入相應的大缸裡，再賣給客人。

他做得很認真也很小心，因為他是家裡唯一的收入來源，全家人也都靠他的這份微薄的薪資維持生活。可是，「墨菲定律」還是不識趣地發生了。

有一天，他實在太疲憊了，迷迷糊糊中竟把酒倒錯了缸子，兩種酒混在了一起。他醒悟過來後臉色一片煞白。他非常清楚這種名貴酒的價值，他也清楚現在等待他的只有被炒魷魚和罰款。

巧的是，接班的人也正好來了，而且更巧的是正好有一個顧客來買這種酒。而那位不知情的夥計就把弄混了的酒舀了一杯給他。奇蹟就這樣出現了 —— 顧客喝了這種弄混了的酒後竟然讚不絕口。

「為什麼不把不同的酒混在一起，調成另一種別有風味的酒呢？」喬治突然靈光一閃，隨即從這次失誤中發現了一個契機。之後他不斷地試驗和調製，一種口感獨特、顏色瑰麗的酒 —— 雞尾酒，終於問世了。它一出現，就成為顧客們的新寵，喬治也因此成為讓人羨慕的富翁。

或許偉大的上帝還是比較仁慈的，他總在人們山窮水盡

的時候，讓人們轉彎發現柳暗花明。或許看上去「邪惡」的「墨菲定律」也沒有那麼討厭，因為它並沒有將人們的希望完全的「埋葬」，而是在成功的道路上為我們留下了蛛絲馬跡，讓我們有跡可循。

第七章
讓墨菲定律為我們服務

「墨菲定律」最終要教給我們的東西，不是讓我們認命，而是要我們學會不斷完善自己，只有如此，我們才能夠憑藉一己之力，改變命運，掙脫世俗的枷鎖，創造屬於自己的輝煌。

然而，完善自己並不是一個簡單的過程，他需要我們從外在到內在，從身體到思想以及情緒等多個方面著手，這樣才能夠盡可能地規避「墨菲定律」造成的影響，並使其達到為我們服務的目地。

自信是打破詛咒的祕訣

「墨菲定律」的發生，無不說明了一個我們逃避不了的事實：越是多疑的人，越是對自己不自信的人，越容易被麻煩纏身。而想要遠離「墨菲定律」的影響，或是減少其對自身產生的機率，就要堅定內心，相信自己、欣賞自己、肯定自己。這才是杜絕事故多發的最佳方法。

而在我們的生活中，想要提升自己的欣賞能力，就必須從欣賞自己開始。一個勇於挑戰自我內心的人，才是一個真正懂得美好生活的人。

每個人都有權利認為自己很美。這不僅是指外在的美，更是包括整個內心散發出來的魅力與朝氣。沒有任何一種美，比這種由生命散發出來的氣息，更加撩人心扉。

但是，如果對自己過於挑剔，就會抹殺掉這份魅力。認為自己很美，是一個人自信的表現，並非一些人所說的自戀。自戀通常是指那種喜歡和別人比較，總認為自己高人一等的人。

欣賞自己，認同自己的人，並不會把過多的眼光放在自己身上，相反地，那些對自己外表不滿意的人，才會過分地把注意力集中在自己身上。真正懂得自我欣賞的人，不會自我陶醉，他們有一個清晰的認知，知道自身的優點所在，自信所在。他們能夠更好、更客觀地對自己做出一個正確的評價。

　　然而，想要學會正確地接受和欣賞自己的外表，也並非一件易事。因為這個世界上，不論是誰，多多少少都會對自己的外表有一些不滿意的地方。

　　有些過於追求完美的人，甚至皮膚上出現一兩處微小的缺陷，比如一個小痘痘，一個水泡，都會否定自己。甚至還有些人把自己整成明星臉，就是因為那些明星是公眾們認同的美人，卻不知這樣反而失去了自我，成了一個處處模仿，活在別人世界的人。這樣的人無疑是可悲又可憐的。

　　我們應該堅信自己的優秀，學會欣賞自己，就算是有缺陷，也應該告訴自己這是一種缺陷美。為了讓自己更加自信，為了讓我們不再對鏡中的自己失望，就要弄清楚自己在做什麼。

　　首先，我們要正視自己的外表。要學會在鏡子前認真地審視自己，之後把對自我的感覺和批評寫下來，或用手機錄下來。這樣，我們就能夠更準確地發現自己的不足之處。

　　在這個過程中，我們對自己的不滿之處，會透過許多情緒浮現在鏡面上。你可能會產生出不滿、沮喪或是喜悅等多種情緒。這個時候，我們不要抑制自己的情緒表現。

　　發洩出來，會讓我們壓抑已久的心靈得到釋放，這樣我們才能夠更好地去面對自己的缺陷，才能夠去克服自己的內心，才可以建立起屬於自己的自信。很多時候，找到缺陷並不是為了懲罰自己，而是為了讓你去更好的愛自己。

　　夜色中，對著鏡中的自己，你的胸膛是否是緊繃的？你的呼吸是否是急促的？你的肩膀是否是垂下的？對鏡子中的種種不滿，源於我們對自己的期望沒有達到目標。明明還年輕的你，卻沒有這個年齡該有的朝氣。明明長得還算不錯，如今眉頭緊皺，兩肩下垂，眼神裡全是迷惘，額上的皺紋也愈發深刻。

　　一個不能接受自己、總是挑剔自己的人，是無法笑如春風、心有溫柔的。習慣性地貶低和壓抑自己，不僅會讓我們的心境變得枯寂，也會令我們的容顏愈加蒼老。面由心生，便是如此！

　　這個時候，如果你能挺直肩膀，筆直站立，眼神聚焦一點，平緩呼吸，嘴角勾勒一個淺淺的微笑。你會發現，你也能夠做到精神飽滿、意氣風發，你的人生也並不是那麼糟糕，你也是一個十分帥氣的人。

　　所以，想要正確的欣賞自己，首先就要破除自己多年來固有的形象，從另一個全新的角度來解讀自己。破而後立，才能夠創造出一個不同的心境，才能夠誕生出屬於你的自信。

　　照鏡子時，我們都有一個最基本的選擇：對自己滿意或是不滿意。通常，一般人都是不滿意的時候居多，這種觀念是在人們對自我的否定中一步步形成的。雖然想要改變有一定的難度，但是並非不能改變。我們可以透過一些有效而又

簡單的實用技巧，一步步地對自己進行改變，最終達到由外至內的整體改變。這些做法並不難，難的是持之以恆。下面，我們可以一起來做一做這個「讓自己好起來」的練習。

1. 每天抽出 20 分鐘，並且保證在這段時間內不受到打擾。

2. 把電話聽筒拿起來，站在一個可以照到全身的鏡子前面，保持一個姿態。

3. 先深吸一口氣，筆直地站好，對自己說：「我很不錯。」或許你會感到羞恥，甚至牴觸這種說法，但是這無關緊要，等到所有的反對意見都一一出現後，再反覆重複這個步驟。

4. 觀察自己身體的每個部分，然後飽含真情地告訴自己：「我很好。」要注意的是，這種肯定自己的態度和以前挑剔自己的態度，帶給你的感覺有何不同。如果心裡不能同意這種肯定的態度，注意一下這些反對的意見有哪些，然後再次告訴自己：「我很好。」

5. 對於自己最不滿意的部分重複不斷地說：「有個性，我喜歡。」

6. 練習結束前，撫摸一下自己缺陷部位，告訴自己：「有個性，我喜歡。」無須感到不好意思。覺得自己很好，並不是一種罪過。相反的，如果不這樣想，才是對自己的一種傷害。

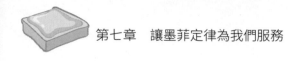

有一點需要我們記住：覺得自己很好的心理，可以讓自己不再把注意力集中在外在缺陷上，而是把更多精力用到更重要的心理活動中。

經由這個練習，將會讓我們獲得重大突破，不但變得能夠接受有缺陷的外表，而且也會變得比以前更加自信。

只要你克服了對自己的反感，這個「讓自己好起來」的練習，就會對我們產生極大的助益。不過一般人都不能很好地欣賞自己，當不斷地對自己說「我很好」之後，通常會立即產生以下一連串的反應：

「我很好。」「如果我稱得上是好的話，有誰是差的呢？」

「我很好。」「這口氣聽起來有些自吹自擂。」

「我很好。」「希望別人不要撞見我在做這種事。」

「我很好。」「我是很好。真希望我能變得更好。」

「我很好。」「以前我覺得自己不錯，現在是真不行了。」

「我很好。」「或許再少個五六公斤才能這麼形容吧！」

「我很好。」「你這是在開玩笑吧？」

「我很好。」「有嗎？」

「我很好。」「但是為什麼這件事卻做不好？」

「我很好。」「但願是真的如此吧！」

「我很好。」「希望大家也這麼覺得。」

當我們在鏡子前面站了好一陣子，不斷地告訴自己：「我很好。」並且這些不良反應都逐一釋放出來之後，一件很神

奇的事情便會隨之發生：我們會開始關注到身體上自己所滿意的地方。這時，我們會發現，自己慢慢變得比較不挑剔、更容易接受自己。一旦我們做了 10 天的練習之後，便會自然而然地覺得，自己很好不過是一件很稀鬆平常的事情。

為了能夠讓自己在這個「好」的訓練方面，有更進一步的突破，我們還需要在自身找出七八處認為不是很滿意的地方，然後一一列舉寫下來。

除了這些練習不可缺少之外，我們還要牢牢記住：不可以再去抱怨自己的外表，這只會令你更加沮喪罷了。當然，想要在一夜之間改變這一想法，也是不實際的。

而一旦我們真正感覺到自己的確很好的時候，就能切身感受到這個行為真正的目的是什麼了。我們也就不會再輕易地受到打擊，對於自我形象的誤解，也將無法再帶給我們困擾。

這個「我很好」的練習，還能夠使我們更容易去堅持自己訂立的一些減肥和運動計畫。當我們正享受著美味的食物、旅遊的樂趣、逛街的快樂、按摩的舒適時，可以先深吸一口氣，然後對自己說上一句：「我很好」，呼氣時自然地就會把那些反對的想法一起排掉。

經常做「我很好」的練習，會讓我們整個人變得越來越自信，越來越有氣質，自然也就變得越來越美。這個時候的你，必然成為別人欣賞的對象，必然是任何場合裡最耀眼的那個存在。

讓自己擁有美麗的人性

　　一個反覆無常的人，極難獲得成功，而一個始終如一的人，卻容易獲得成功的青睞。這是什麼原因造成的呢？「墨菲定律」為我們恰當地解釋了這一現象。

　　反覆無常者，做事情也沒有章法，正符合了「墨菲定律」裡，「你越無常，我越反覆」、「你越害怕，我就越要來」的準則。它降低了成功的機率，卻加速了「不好事件」的發生率。

　　因此，想要盡量避免「墨菲定律」這一規則的不良影響，我們就必須擁有一個美麗的人性，這也是杜絕「不好事件」頻發的關鍵。畢竟一個缺失人性光輝的人，最是容易招致嫉恨和麻煩，更會被諸多「惡事」纏身。

◇什麼是人性

　　人性究竟是什麼呢？這個問題被很多人提出過。也有很多人做出過解答。最光輝和被人認同的答案是：人性是人的一切美德的總和。它包括了堅強、剛毅、同情、公正和善良等，一些值得歌頌和讚揚的東西。

　　明白了人性是什麼，我們又如何擁有美麗的人性呢？這個時候，就需要先擁有美麗的人格。

　　美國曾經的總統林肯，雖然已經去世很久，然而他的名字卻依然享譽世界，常常被人提及。這是為什麼呢？這便是

因為林肯在生前時，能夠公正自持、廉潔自守，從來沒有踐踏過自己的人格，糟蹋過自己的名譽。

很多青年在事業剛開始時，如果能下定一個決心：將人格的力量當作事業的資本去投資，做任何事情，都不背叛人格，那麼他在日後，即使無法名利雙收，也必然不會在事業上遭遇失敗。反之，一個失去了人格力量的人，就像是墮入了「墨菲定律」的魔咒，是永遠都不能成就真正事業的。

人格力量，是我們事業上最可靠的一項資本。如今很多年輕人卻無法意識到這一點。他們在事業中，只注重謀略、技巧、勢力、話術、套路等，卻忽視了人最重要的誠實品格。

他們從沒有認真地想過，為什麼一些大公司願意出高價，去用一個已經逝去多年的人來進行招牌式宣傳呢？仔細思考一番，並不難弄懂其中的玄妙，無非就是這個人的名字包含著力量、人格和信用在其中。只要人們一想起這個名字，在商界中如同磐石一樣的穩固和牢靠，自然也就值得信任了。

有些年輕人明明知道這些是事實，但還是把其生活的基礎建立在技巧和詐騙等手段上，而不是建立在其人格和信用的基地上，這是為什麼呢？其原因也很簡單，這是因為他們的內心被社會的浮華表面所迷惑，被紙醉金迷的外在生活所腐化，只要能賺到錢和名，他們就能享受更好的生活，他們就能違背自己的良心。

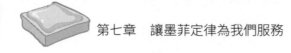

　　這種人或許能夠瀟灑一時，但是卻無法快活一世，最終的結果不是一事無成，就是在牢獄中度過自己的一生。「人無遠慮，必有近憂」，肆意地揮霍那些不正當的才華，而失去了做人的根本誠實，最終的結局只能是慘淡收場。

　　想要獲得一個完美的人生，想要讓自己的生活順風順水，想要「墨菲定律」永遠遠離自己的世界，想要在成功的道路上愈走愈遠。其關鍵就在正直、公平、誠實及信義之中，離開了這些，我們就不會得到真正的成功。

　　每個人都應該懂得人格的寶貴，它是我們生命中不可缺失的。「富貴不能淫、貧賤不能移、威武不能屈」，這些高尚品格，都是無價的，是用金錢無法購買的。「我自橫刀向天笑，去留肝膽兩崑崙。」、「寧可枝頭抱香死，何曾吹落北風中」、「粉身碎骨渾不怕，要留清白在人間」。甚至在必要時，寧可犧牲了生命，也應該去保全人格力量的完整。

　　如果我們能夠尊重自己的人格，堅定自己的信念，不隨波逐流、趨炎附勢，不會為了金錢、權利、地位和美色出賣自己的人格，破壞自己的操守，降低自己的要求，那麼，未來一定能成為社會中的重要人物。

　　有一個叫葉慶員的人在做律師時，有人請他為一件訴訟案中理虧的一方辯護。他直接回答說：「我不能做這事。因為到了庭上陳詞時，我心中定會不住地這樣想：葉慶員，你是個說謊者，你違背了自己的道德信仰！到時候我也一定會

自責後悔,而這並不是我想要的結果。」

人最怕的就是失去真我,戴上虛假的面具。一旦這個虛假的面具戴習慣了,就再也無法摘下來了。你會在長久的生活中和事業裡,慢慢喪失內心的堅持和誠信。你會在寂靜的夜色裡譴責自己,懺悔自己的過失,然後繼續虛偽地活著,因為你已經不敢再去摘下這個面具了。

所以,當我們在面對一項關係我們整個人生的重要抉擇時,千萬要能忍得住誘惑,不管眼前利益有多麼大,也不可留戀不正當的職業。任何違背良心的事,總有一天會遭受到報應。不要認為有些壞事被發現的機率小,就選擇忽略或抱持僥倖,「墨菲定律」會告訴你,沒有善念的人,失敗後等待他的就只能是萬丈深淵。

不管我們從事何種職業,人格都不可以丟失,必須要保持良好的自我操守。不論你是律師,是醫師,是商人、還是一個店員、一個農夫、一個議員,都必須記住,首先我們是一個「人」!而生為人,就必須要有作為一個「人」的基本道德底線。

此外,要使自己有美麗的人性,還必須具有一個高貴的心靈。

我們能夠使我們的內心成為「美」的藝術館,也能夠讓它成為「恐怖」的地牢。我們可以如我們的心意將我們的心胸布置成任何格式。這就需要我們的內心夠堅定、不動搖,

否則心靈的崩潰，將會為我們帶來無法承受之痛。

　　所以，在很多時候我們可以捨棄一切，甚至包括生命，但是絕對不允許心靈上的失守，絕不可容許精神上的敵人，如混亂、病態、憂慮、嫉妒、恐懼等思想，占據我們的心胸，竊去我們內心的堅守，盜去我們心中的恬靜和善念。因為一旦心房被攻破，那麼我們就會成為一個毫無底線的存在，這樣的我們，活著不僅是自己的災難，也是所有人的噩夢，就算死後，也必然是遺臭萬年。

　　內心有信念的人，只會去做認為對的事情，他們不會有那麼多彎彎繞繞的思想，也不會有那麼多算計，是非分明，事情自然明了，套路自然就不存在，被「墨菲定律」所影響的機率性事件自然也會大幅度減少。

　　人的生活是被其精神作用所支配的：在精神的指引下，我們才會做出相對的反應。精神的意象伴隨在人的生命中，刻印在人的品格上。人的生活就是不斷把種種精神意象，翻譯在我們生命中的品格上而已。

　　比如一個人遭遇到重大變故或是精神洗禮，會在短時期內煥然一新，致使身邊的朋友都大吃一驚。在這種情況中，我們可以看出，精神作用對於我們的生活影響，是何等之大。

　　生命中，我們成就的大小，多半是看我們能否維持生活的和諧，能否拒絕一切足以損害能力、減低效率的精神敵人

於心靈之外。

每一種不同的思想或是暗示都能產生各種不同的影響。我們都很清楚，一個樂觀、積極、愉快的思想，能給予我們快樂、幸福、向上的感覺。它就像是一股流動的甘泉，滋潤我們的整個身體。它帶給我們的是希望、勇氣與無窮的活力。

一個人的內心世界，都是自己創造的，他既可以將憂慮、苦難、恐懼、絕望等，填充自己的內心，使自己的生命變得憂愁、悲傷。也可以將自信、快樂、堅強、善良等，布滿自己的內心世界，使自己生存的環境、空氣變得一片清明、開朗。

一個有足夠能力統治自己思想的人，必然是一個能夠以希望替代失望，以積極替代消極，以決心替代懷疑，以樂觀替代悲觀，讓「墨菲定律」永無可乘之機的人。

因此，不論是在何種情形之下，我們都不應當容許那些悲慘、病態、混亂的思想侵入自己的內心。

如果我們從小就能夠在心中種下愉快、積極、樂觀的思想，而將一切有破壞性、腐蝕性的思想拒於心靈之外，那我們生命中的不必要損害與耗費就會減少很多！

就如有些人只是因為幾個小時的悲傷和憂慮，所蒙受的生命損耗，已然超過幾個星期辛苦工作的損失，這樣的例子比比皆是。

想要把精神上的種種敵人都驅趕出去，需要我們不斷的、有系統的堅持和努力。沒有決心和毅力，無法成就大事業。因此，我們一定要肅清心中的不良思想，把它們拒於意識圈之外，使它們再也無法擾亂我們的心境。

懂得自我完善的技巧

「墨菲定律」是一條最會利用缺陷的定律，任何缺陷，都有可能被它加以利用，然後發揮出巨大的破壞力。所以，我們需要補足自身存在的缺陷，甚至讓這些缺陷成為我們生活與事業的強大助力。

對於缺陷，我們不能一味地去否定它。有些缺陷甚至是一種警示，告誡我們不可驕傲，應該朝著完美不斷努力。有一些缺陷是一種見證，它讓我們了解過往和歷史。現在還流行一種缺陷美，它讓我們明白，有些時候完美比起缺陷的危害性甚至更大。所以，客觀地看待缺陷，我們需要去彌補它的不足，而不是完全否決它的存在。

我們每個人都有缺陷，這是一條亙古不變的真理。但是，人之所以為人，道理並不在於此，而是在於，懂得哪裡有缺陷就要改進，亦即懂得自我完善。

自我完善暗含著一種重要情感：即不斷進取的願望。有了願望，想要達到完善的目的，還得戰勝自我，戰勝追求物質生活和享樂的自我。

通常，一個年輕人如何度過他的夜晚時光，如何打發空閒的時間，我們就能夠從中預見他的前途。他可能珍惜時光，從不浪費閒暇；他也可能只把閒暇當作消遣娛樂的「悠閒時光」而已。

　　總之，每個人利用閒暇方式的不同，也決定了他在生活中的態度，到底是認真地生活，還是在遊戲人生。或許他並沒有意識到這種生活會帶來的嚴重後果：隨隨便便地浪費掉閒暇的時間，會造成人生品質上的逐步弱化，而且這種弱化，有時候並不易察覺，等你有所覺悟的時候，已經是悔之晚矣。

　　正確地利用閒暇時間進行閱讀和學習，是一種對自我的完善措施。不論古今，很多事例都告訴我們，所謂的閒暇時間，其實在很大意義上比我們在正常學習時，創造的價值更加巨大。因為在這段閒暇時間裡，我們可以沒有壓力的進行總結，可以把一整天的錯誤都進行分析和整理，從而得到有利於我們的結論。

　　很多具有天賦的女孩，她們在創造力最豐富的、思想最活躍的年華裡，甘願低薪當一個服務員、收銀員或是櫃檯人員，這是因為她們從來沒有想過去開發自己的潛力，鍛鍊自己的智慧，思考自己未來的路要如何去走。

　　數以萬計的女孩子更是放棄了讓自己成長的機會，她們不論做什麼都提不起興趣，並且失去了對夢想的努力和追求，認為一切都沒有意義。她們覺得，去學校學習基礎知識，學習精確記帳，或是鍛鍊自己做任何能夠維持生計的事都是沒什麼價值的，還不如找個有錢的男子，那麼一切都擁有了。

　　然而，她們卻沒有考慮，妳自己什麼都不會，那些優秀

的男子憑什麼會看中妳呢？或者妳有美貌，能夠讓他甘願付出，但是妳又能夠保證結婚之後，一輩子幸福嗎？「墨菲定律」明確告訴我們，在當今這個社會，想要擁有這樣的幸福機率趨近於零。

所以說，人終究還是要靠自己，靠別人只能戰戰兢兢地活著，沒有任何的尊嚴可言，還要時刻擔心被拋棄的命運。美貌終有蒼老的一天，但是自身的技能卻沒有，它才是支撐我們能夠活下去的最佳保障。

現實中，很多員工羨慕自己的老闆，並且希望自己也能夠從事商業經營當老闆。可是等到想要去做的時候，又發現經營企業需要做的事情太多了，還會減少他們玩樂的時間，於是一次次的選擇延遲，直到最後依舊一事無成，還是過著混一天是一天的生活。

太多這種人，只考慮眼前的利益而不去放眼未來。他們寧願在沙發上懶散地躺平一天，也不願意去花一點時間學習，充實自己，完善自我。

很多人都不願意為了將來長遠的利益而犧牲掉眼前利益。他們寧願輕鬆散漫地生活，也不願花時間不斷完善自我。他們也想做出點成績，讓別人眼前一亮，但是卻又找太多的藉口逃避。他們知道高瞻遠矚的重要性，也想要為將來做好打算，但是事到臨頭，卻是吃不了一點苦，最後選擇了放棄。因此，大多數人的一生都是碌碌無為。

如果一個人願意不斷進取，自我完善，那麼，他肯定會找到出人頭地的機會，或者即使找不到，他也能創造出機會來。

有一個年輕人，因為家中貧困，活到二十歲都沒有什麼機會讀書寫字，但是他卻渴望學習，渴望進步。他離開了家鄉，靠著觀察廣告招牌學會了認一點點字。後來，一個偶然的機會讓他從軍，在船上當起了服務生。他選擇一個在船長桌邊服務的差使，是因為他渴望學習。他在上衣口袋放了個小本子，一聽到什麼新詞，他就記下。

一天，有一個軍官發現他在寫字，懷疑他是一個間諜，就把他抓了起來。後來，當這個軍官得知這個小本子的用途之後，很是佩服他的向學精神，就給了這個年輕人更多的學習機會。

這些機會，不斷使年輕人得到提拔，最終使他在海軍中贏得了十分顯赫的地位。作為海軍軍官的成功，更是為他在日後其他領域的成功奠定了基礎。

讓人深感遺憾的是，如今許多天賦極高的人，都忽視了完善自我的機會，以至於後來處境還不如那些智力不及他們的人。

在我們的現實生活中，有著大量類似的例子，一些人因為過人天賦和優秀品格被選入重要的職位，但是他們因為無知和早年教育的缺乏而常常陷入尷尬丟臉的境地。

　　能夠意識到自己具有卓越的能力，卻又因為早年缺乏與能力相適應的智力訓練，而受困於一個低下的職位者比比皆是，這是最讓人扼腕嘆息的事情了。

　　比如有些人，在一些事情上非常有天賦，卻因為缺乏指引和鍛鍊，又缺乏對自我的信心，本來非凡的潛能逐漸消失，最後甚至完全喪失了那項能力，這不得不說是一件可悲的事情。

　　如果一個年輕人有成為領導者的天賦，但是因為缺乏訓練，而不得不為另一個能力不及他一半，但是卻受過更多教育、有更充分準備的人工作，那麼，這不得不說是人生的諷刺。

　　在我們的生活中，這樣的現象處處可見。很多職員、技工、雇員，他們擁有能力，卻難以晉升到與他們天賦相配的位置上去，只因為他們的教育程度不夠。他們有思想，甚至肯鑽研，但就是因為不會正確書寫，無法正確運用母語，因此，他們的非凡才能始終得不到重視，最終被埋沒。

　　自我完善就像是一把斧頭，它始終是掌握在我們手裡，我們應該不停地使用它們。如果這個斧頭長久不用，那麼它就會變鈍，再次使用它砍伐時就需要浪費更多力氣。

　　正如現實中，如果我們的機會少了，那就表示我們還不夠努力，還不夠完美，我們就應當花費更多的精力，付出更多的汗水來為自己充電。開始時，我們的進展可能會很慢，

但是持之以恆，總有一天我們一定會獲得成功。只要我們願意付出，只要明天的我們沒有變弱，那麼，我們終有收穫的一天。

朋友多的人困難少

　　人際關係是我們行走天下的名片，也是我們能夠得到幫助的最佳助力。一個朋友多的人，他的困難必然就少，一個朋友少的人，困難自然就多。

　　「墨菲定律」告訴我們，困難一旦解決不了，就會積壓，然後爆發出更大的危機。而只有在困難還沒擴散變大，或是還在萌芽之時就掐滅，那麼它能造成的作用和危害，就會微乎其微。

　　利用自己的優勢，維繫好自己的人際關係，更能夠遏制住「墨菲定律」的危害程度，甚至能夠提前終結它所帶來的不良影響。

　　隨著時代的不斷發展，人們的生存壓力逐漸變大，因此，友誼的滋潤，便成為我們人生中不可缺少的一部分，它能夠緩解我們因為過度的壓抑而導致的精神緊張，能夠讓我們在空虛寂寞的時候擁有一份安慰，能夠為事業發展提供意見，更能夠在我們陷入危機的時候伸出一把友誼之手。而友誼的多少與深淺，也將決定我們人際關係的廣度和深度。

　　正是因為人際關係的重要性，所以我們要學會結交朋友。但光是交朋友還是不夠的。要想使得我們原有的情誼得到延伸和牢固，不僅要時刻保持連繫，還要學會在美麗的生

活中錦上添花，在恰當的時候雪中送炭。只有如此，方能讓
友誼之樹萬古長青。

根據社會上一項調查結果：如果一個人在生活中，不能
建立起一個良好的人際網絡，比方說與家人和朋友之間的情
誼，與社團和公司之間維持適度關係的話，那麼這個人在 10
年內比社交正常良好的人，死亡率要高出數倍以上。這是因
為人際關係不佳，會導致許多心理和生理方面的問題所致。

在很多書籍中，也都曾經談到增進人際關係的技巧和能
力的各項方法，我們可以來參考這些做法，學習一下其中的
經驗。

- 在網路上學習一些人際溝通課程，或是閱讀這方面的書
  籍自修。
- 拓展自己的人際網絡，下定決心去接觸新朋友。
- 充分利用現有的個人際遇，將親友、同事，以及業務上
  有來往關係的人，列入備忘錄，並時常連繫。
- 每天對社交禮儀和應對之道要進行一定的練習。
- 用共同的志趣結交朋友，比如加入聊天群組、文學社、
  車友會，以及其他主題性聚會和活動。
- 舉辦一些小型聚會，可以讓朋友邀請他的朋友來參加。
- 家庭聚會不可少，這是維繫和睦家庭關係的最佳方式。
- 學習主動與人交談的技巧，即使是同車的陌生人。
- 觀察一些社交名人的溝通技巧。

🔖 利用臉書、Line 等社交軟體系統結交新朋友。

🔖 與同事打好關係，有時間就一起參加休閒活動，增進彼此情誼，激發腦力。

切記與人溝通時，首先要學會去傾聽，說話說盡，只會讓人覺得你囉唆，無法促使彼此感情加深。在說話時，要掌握說話尺度，不過分誇大事實，也不可逞強。說話過程中，展現出自己一定的說話技巧，如分析事物的能力，排難解憂的方法，能夠為對方帶來切身利益的建議，都是讓對方對你加分的重要依據。

如今這個時代，有一身好本事，不如一個好口才，這也成了現在許多公司的一項重要考核標準。

而對於我們個人而言，想要保持良好的溝通，自身就必須要做到公正開明，不要門縫裡看人，更不可固執己見。此外，擁有了好的溝通技巧，千萬要注意自己的態度，不可在行為上和處事上落下詬病，免得前功盡棄。

最後，我們還可以透過一個人的外在和心理去了解他。這樣才能夠更加準確地掌握對方的動機、意圖、心情、感受和思路，這對我們增加彼此情誼和掌握聊天主動性都有著積極作用。

在書本上，就有這樣幾個句子，雖然簡短，但是也隱含了待人處世的真理和精義：「氣量大一些，張口小一點」、「動作快一些，效率高一點」、「腦袋動一動，理由少一點」、

「做事多一些，火氣少一點」、「說話輕一些，微笑露一點」，相信只要我們做到了這些，生活中必然會如魚得水、左右逢源。

不要被情緒的力量奴役

　　情緒，是每一個成功者必須掌控的技能。只有控制好自己的情緒，「不以物喜，不以己悲」才能夠以一顆平常心看待事物，才可以靜下心來解決麻煩。「墨菲定律」的發生機率，亦是和情緒的波動有著千絲萬縷的連繫。

　　「墨菲定律」多次告訴我們：「越害怕什麼，就越是會發生。」害怕不正是一種情緒的表現嗎？如果在事情發生時，能夠冷靜以對，並非沒有解決的可能。但要是被害怕的情緒所占據，你的腦子就全亂了，也就失去了最佳的彌補機會了。

　　所以，想讓「墨菲定律」胎死腹中，我們就要做到「泰山崩於前而色不變，黃河決於頂而面不驚」。那麼，我們該如何去調和自己的情緒，不讓情緒左右自己，做情緒的主人呢？

　　首先不要堵死心中情緒的閥門。當我們遇到壓力時，要讓它有節制地釋放，千萬不要去積蓄，否則情緒過多，到了無法封堵的時候，就會釀成激烈的爆發，不但會傷了別人，也會傷了自己。

　　一個懂得追求美麗人生的人，不僅僅要善於控制自己的情緒，還應該為自己製作一個安全的情緒活塞，這樣，在我們的情緒無法自控時，把它打開，就能夠極為容易地把那些負面情緒發洩出去。

　　曾經的美國總統麥金利在憤怒者面前，表現出的常常是

一種安靜自若的態度，這就是一個安全無害的情緒活塞。

　　有一天，一個行為可鄙的議員，對麥金利說了一些令人難以忍受的話。他說自己如何忠實，如何不自私；但實際上他說的卻和他的行為恰恰相反。麥金利咬牙切齒，忍住自己的憤怒。直到那個議員走了後才發洩出來。他憤怒地痛罵那個議員，用力捶打桌面，就好像一頭被激怒的獅子一樣。

　　在這裡我們需要明白，心平氣和的人並不是都不發怒的，他們會把憤怒發洩於有益之處，而當情緒太過度時，還有一種安全活塞可用以制止。

　　兩百多年前，英國詩人德萊頓就曾經把一句拉丁成語改編成這樣：「你們應該小心一個有耐心者的憤怒。太長久受壓迫的情緒，一旦等到放鬆時，就會釀成最激烈的爆發。」

　　有一個心理學家曾經這樣說：「如果我心中有怒氣需要爆發，我絕不讓任何人知道。我會趕快走開，跑到空曠無人的地方大聲怒吼。或是到健身房去，套上拳擊手套，拚命捶打沙袋，把怒氣打出來。」

　　這種想法是非常正確的。當我們被刺激得無法忍受的時候，繼續竭力壓制憤怒是不可取的。這時候，我們需要尋找到一個能夠發洩的地點，盡情釋放我們緊繃的神經和滿腔的怒火，這無疑是最佳的選擇。

　　有一個叫奈斯的人，就想出了一種很好的發洩怒氣的辦法，那就是用紅墨水發洩自己的怒氣。

在年輕的時候，奈斯只是某家公司的一個小小職員。他在公司裡很不開心，因為別人不大重視他，他也覺得遲遲得不到晉升。其實有許多和他一起共事的青年都有這種感覺，但是他們卻不敢表現得太明顯，因為這會引起上司不高興。那麼，當時的奈斯是使用什麼辦法來發洩不滿的呢？

奈斯說：「有一段時期裡，我這種憤怒的感覺非常明顯，並且漸漸擴大，甚至令我一度產生離開這裡的想法。但是在我寫辭職信之前，我去拿了一枝筆和一瓶紅墨水，因為當時的黑色字體已經不足以發洩我積壓已久的憤怒。在紙頁上，我們把對於公司中每個上級職員和經理的評判都寫出來。我寫得很順暢，甚至還用上了不少形容詞。然後我把這張紙收起來，把我的憂憤說給一個朋友聽。」

而在以後的生活中，凡是再有情緒積壓這種情況發生，奈斯也都是把自己想說又不敢說的話全都寫下來。寫完之後，他的不良情緒也在這個過程裡宣洩得差不多了。這不得不說是一種很好的安全活塞。

用文字表達自己的憤怒，可以發洩積存的不滿，也可以使我們的情緒緩解、鬆弛下來。不過這種發洩憤怒的文字，在寫出後如果想要發出去，最好是等一天再發，這段時間你必須要想清楚一個重要的問題：「我這種憤怒的言辭如果發放出去，會給我帶來怎樣的結果呢？」

此外，利用一些小事情，發洩一下心中的不快，也是一

種提前釋壓的方式，這種方法能夠把你的憤怒值控制在安全範圍內。

　　曾經在煤氣公司做過 30 年總經理的比利有一種怪脾氣，便是對小事容易發脾氣，而對於嚴重的事卻能若無其事。有一天他把一盒雪茄遺忘在四輪馬車裡，過一會兒他記起來了，便回頭去找，但是卻已不見蹤影。

　　他非常憤怒，大聲吼叫起來，旁邊站著的人以為他是掉了很貴重的菸。但事實上卻是 5 分錢一枝的雪茄，一共不過 2 元 5 毛錢。

　　他這次的情況，與某次他損失一筆大款項時的情況，呈現尖銳的對照。那正是經濟恐慌時期。比利先生因臥病在床，有幾天沒出去。可就在這幾天裡，銀行因幾筆款項而損失了大約 3 萬元，當時又沒有擔保。後來，當別人把這一損失告訴他的時候，他卻只用手摸著頭髮，想了一想，然後說：「算了吧，如果不打破幾個蛋，是做不成軟煎蛋的。」

　　現代成功學大師拿破崙‧希爾告訴我們，如果因為小事而急躁，就去找一種發洩的辦法，然後平和起來，保持你的精力，以準備大事臨頭時應付，因為大事是要極大的自制力的。而一些小的煩惱如果積壓過多，就會堆聚成一種長期積憤，等到大事來時便完全不能自制了。

　　自古不如意者皆有之，對此，我們可以去尋找一種適合自己的宣洩方式，藉以排解掉成功路上的各種情緒障礙。

電子書購買

爽讀 APP

國家圖書館出版品預行編目資料

墨菲定律的幸運術！：欲速則不達、失敗中求勝、防患於未然……擺脫麻煩，收穫好運！ / 康昱生，方士華 編著 . -- 第一版 . -- 臺北市：財經錢線文化事業有限公司 , 2024.01
面；　公分
POD 版
ISBN 978-957-680-704-6(平裝)
1.CST: 成功法 2.CST: 生活指導
177.2　　112020291

墨菲定律的幸運術！：欲速則不達、失敗中求勝、防患於未然……擺脫麻煩，收穫好運！

臉書

編　　著：康昱生，方士華
發 行 人：黃振庭
出 版 者：財經錢線文化事業有限公司
發 行 者：財經錢線文化事業有限公司
E - m a i l：sonbookservice@gmail.com
粉 絲 頁：https://www.facebook.com/sonbookss/
網　　址：https://sonbook.net/
地　　址：台北市中正區重慶南路一段六十一號八樓 815 室
Rm. 815, 8F., No.61, Sec. 1, Chongqing S. Rd., Zhongzheng Dist., Taipei City 100, Taiwan
電　　話：(02) 2370-3310　　傳　　真：(02) 2388-1990
印　　刷：京峯數位服務有限公司
律師顧問：廣華律師事務所 張珮琦律師

定　　價：250 元
發行日期：2024 年 01 月第一版
◎本書以 POD 印製
Design Assets from Freepik.com